Du même auteur, aux Éditions Leduc.s

L'Art du hygge, 2017.

Maquette : Gaëlle Bachy
Illustrations : Fotolia

29 boulevard Raspail
75007 Paris – France
ISBN : 979-10-285-0390-1
ISSN : 2425-4355

C'EST MALIN
POCHE

ANNE-SOPHIE MONOD

DEVENIR MINIMALISTE

LEDUC.S
EDITIONS

SOMMAIRE

Rappelle-toi que très peu de choses
sont nécessaires à ton bonheur.

Marc Aurèle (121-180),
empereur romain et philosophe stoïcien.

INTRODUCTION

Un des grands principes du zen est que rien (ni les objets, ni les actes, ni les pensées) ne doit être inutile ou vain. Que faire de ce principe à notre époque ? Que faire de la résonance de ces mots qui touchent nos esprits et nos cœurs d'Occidentaux du XXIe siècle ? Toute vie se trouve, à un endroit de sa course, et de manière aussi forte qu'inattendue, confrontée à un nouveau besoin, celui du renoncement, de la simplicité, du « moins » – mais attention, cela est possible, le sourire aux lèvres. On peut appeler ça une conversion, une prise de conscience, la recherche du bonheur ou tout simplement la maturité, il n'en demeure pas moins que la simplicité, l'harmonie, l'accord général avec le grand cosmos (l'existence sur terre) et le petit (notre appartement) deviennent, souvent dans un premier temps à notre corps défendant, le nœud sensible de nos vies, nœud providentiel à partir duquel un nouveau cap va être donné, qui promettra d'autres succès, d'autres joies, plus précieuses car plus durables, et provoquera le dégoût du gaspillage, du trop-plein, de la surconsommation (religieusement pratiquée dans nos régions occidentales). Pour ma part, cette prise de conscience a eu lieu à mon retour en France il y a quelques années après plusieurs mois passés au Danemark.

Sachez donc, l'ayant vécu moi-même, que tout s'obtient très simplement – dès lors qu'on le veut. Si vous lisez cette introduction, c'est probablement que vous aussi, vous le voulez. Ce livre va alors vous aider à mettre en place, dans votre intérieur, mais aussi dans votre rapport au monde numérique et, plus généralement, à vos habitudes de consommateur, une technique de mise en œuvre du minimalisme. Car le minimalisme n'est pas une mystique, et si c'est une philosophie (à la rigueur), elle est avant tout phénoménologique, c'est-à-dire pratique.

Nous verrons ensemble que les objets n'ont que l'importance qu'on veut bien leur donner, et que ce qui n'est pas utile à l'essaim n'est pas utile à l'abeille non plus ; entendez par là que la sagesse hérite toujours d'une tradition et qu'il est bon de savoir sinon la respecter servilement, au moins la comprendre et entendre que, par exemple, la profusion de meubles, de bibelots pour tous (aristocraties mises à part), bref tout ce qu'on appelle la décoration (et qui est un art en soi, dont on peut évidemment tirer bien des jouissances), nous vient du XIXe siècle bourgeois, et nous a, au cours du XXe siècle, été d'une certaine manière imposé par la société triomphante et marchande, et qu'il est sain de soumettre la pertinence éventuelle de cet héritage tardif et superficiel à l'exemple solide d'une succession de siècles (tous les précédents) où chaque objet, chaque meuble avaient leur raison d'être. Le confort est un extraordinaire acquis ; mais le confort cesse d'être confort quand on y est affidé, et le confort doit correspondre au bien-être, et non l'inverse.

Au chaos et à la dispersion de la personnalité qu'il ne manque jamais de provoquer, on opposera le peu et l'utile, car le meilleur c'est l'utile et il faut savoir se contenter de peu.

Lao Tseu écrivait que « celui qui est capable d'être son propre maître peut aussi être celui du royaume. » Je vous propose dans ce livre, que j'ai voulu le plus complet possible, des solutions très concrètes, très pratiques, pour être le maître de votre royaume en consommant moins mais mieux, en faisant le tri, en rangeant, en sélectionnant, en donnant, en classant, en organisant votre maison, votre vie numérique et, peut-être, non, c'est même certain, vos pensées.

Si vous vous sentez débordé en permanence, que vous avez l'impression de ne jamais avoir de temps pour vous, de faire du sur-place dans votre vie, si vous vous sentez vide, sans énergie et que votre esprit est en perpétuelle agitation... Ce livre saura vous aider.

Chapitre 1

Pourquoi devenir minimaliste ?

POUR PRÉSERVER SA MAISON

Votre maison n'est pas un entrepôt, un garage géant, une zone de stockage. Il s'agit de votre troisième peau (après votre vraie peau et vos vêtements), il faut donc en prendre soin comme un sanctuaire. Ce n'est pas parce qu'un objet croise votre route que vous êtes liés pour la vie et obligés de faire toit commun. Décidez de façon ferme et clairvoyante ce qui peut et ce qui ne peut pas entrer et rester chez vous. Vous êtes la personne qui décide. Au quotidien, défendez votre espace minimaliste et votre façon de vivre :

- apprenez à décliner les objets promotionnels dans la rue ou les boutiques ;
- refusez systématiquement et sans aucune exception les cartes de visite, les stylos publicitaires... ;
- déclinez les échantillons de parfums et de crèmes cosmétiques dans les parapharmacies ou parfumeries ;
- n'acceptez jamais les sacs en plastique lors de vos achats, au supermarché, facile, ils ne sont plus distribués, mais aussi dans les magasins de prêt-à-porter. Même pour les vêtements, optez pour un sac en papier ou un sac réutilisable en tissu (de nombreuses marques proposent ce type de sac en tissu, aux couleurs de leur marque).

Les cadeaux, quelle poisse !

Rien de pire que cette effervescence à Noël, je suis toujours ulcérée d'entendre dans les magasins des bribes de conversations du type « vite, vite, faut qu'on trouve un truc » ou « vite, vite, qu'est-ce qu'on lui prend ? ». Terribles, ces phrases. Sans intention réelle, sans joie... Quelle horreur ! Et durant la période de Noël en plus ! Difficile de refuser un cadeau dont nous n'avons pas l'utilité, qui, nous le savons déjà, encombrera notre intérieur, ne nous servira jamais, et même pire, sera un poids ! Je sais qu'il est difficile ne pas faire semblant par politesse. Essayez donc d'anticiper toutes les situations durant lesquelles il pourrait y avoir un « échange de cadeaux » afin de proposer que chacun fasse des cadeaux alternatifs ou bien même que personne ne fasse de cadeau. Si la solution des cadeaux alternatifs est choisie par le plus grand nombre, voici quelques idées :

- des bons joliment présentés pour une activité (randonnée, cuisine, partie de tennis, etc.) ;
- un bon pour un *tea time* entre copines ;
- un bon pour un massage détente ;
- un bon pour une sortie au restaurant ;
- un bon pour un gâteau maison ;
- un bon pour « quelque chose qui te fera plaisir ».

POUR MIEUX OCCUPER L'ESPACE

La musique, c'est ce qu'il y a entre les notes.

Isaac Stern (1920-2001), violoniste américain d'origine russe.

Une note perpétuelle devient un bruit. Une succession de notes sans silence est un bruit. Pour les biens matériels, les notes sont les objets et les silences le vide. Silence et vide sont donc les pierres angulaires de toutes les créations harmonieuses. **Si un musicien ne peut pas espérer avoir une belle partition sans pause ni soupir, le propriétaire d'une maison ne peut pas espérer avoir un intérieur harmonieux et paisible sans espaces vides.**

Réfléchissons, n'est-ce pas bien souvent l'espace qui nous attire quand nous visitons une maison pour la première fois ? Le volume d'un salon, d'une chambre, le nombre d'espaces de rangement ... La séduction opère. Et pourtant, et pourtant... Très vite, nous saturons ces beaux espaces avec un nombre incalculable d'objets sans intérêt qui polluent notre esprit. En effet, par un mécanisme bien mystérieux, nous détruisons très rapidement ce qui nous avait précisément attiré et séduit dans cette maison. La lune de miel prendra donc très vite fin. Quel dommage ! En conservant un intérieur épuré et minimaliste, ce coup de foudre initial aurait pu se renouveler chaque jour. Nul besoin d'aller voir ailleurs, de trouver plus de place : changez simplement ce qui est autour de vous, et vous en premier lieu. Le vide est un sanctuaire, un espace d'épanouissement, de recueillement et de ressourcement propice au repos, mais aussi à l'action à venir.

Le vide sert aussi d'écrin. Faire le vide dans votre intérieur, c'est vous offrir le plus beau des écrins, celui qui saura mettre en valeur votre être dans ses plus belles dimensions et aspirations. Telle une œuvre d'art exposée sur un superbe mur nu, **vous rayonnerez et donnerez le meilleur de vous-même.**

N'ayez pas peur du vide, ce n'est pas parce que votre dressing est spacieux qu'il doit accueillir une kyrielle de pulls et une centaine de paires de chaussures. De même, une cuisine toute équipée offrant de nombreux placards n'a pas vocation à être remplie de mille et une choses.

Chaque objet en trop dans votre intérieur est une occasion de trop pour votre esprit d'être happé et préoccupé chaque jour *(je dois raccommoder tout un tas de vêtements et passer au pressing, je dois trouver mon Tupperware® pour mon déjeuner de demain dans tout le bazar de la cuisine, il faut vraiment que je trie cette grosse pile de magazines, je dois faire réparer le gaufrier qui traîne depuis des semaines sur le plan de travail, je dois chercher mon dernier avis d'imposition mais je ne sais vraiment pas où il est...).*

POUR APPRENDRE À NE PLUS POSSÉDER

Réfléchissez au poids de la possession et à toutes les contraintes qu'elle génère. Par exemple, avoir des objets connectés peut sembler amusant, constructif et même donner l'assurance de gagner du temps en les utilisant, mais ne serait-ce pas l'extrême inverse ? Pensez à tous les soucis que ces objets engendrent (mise à jour, carte mémoire à changer, écran cassé...), que d'heures perdues à essayer de trouver une solution soi-même, que d'heures perdues à expliquer ses problèmes à des services après-vente... Et ne parlons pas de l'argent gaspillé. Réfléchissez bien, passez en revue toutes les pièces de votre maison, **quels objets sont vraiment essentiels ? De quoi pourriez-vous vous passer ?** Tous ces robots et autres accessoires fluos dans votre cuisine sont-ils bien utiles ? N'essayez pas de tout avoir, d'avoir chez vous tout ce que l'extérieur offre ! Envie d'un bain de vapeur ? Allez dans un institut. Envie de voir un film sur grand écran ? Allez tout simplement au cinéma. Envie de manger une glace maison ? Sortez en ville chez un artisan glacier.

Développez au maximum votre capacité d'émerveillement (face à un objet en l'occurrence) sans pour autant avoir un désir de possession. La vie, dans bien des domaines, devient bien plus légère quand on arrive à apprécier quelque chose sans vouloir le posséder. On peut regarder avec admiration et joie une maison sublime, mais trouver tout aussi sublime son petit *home sweet home* tout biscornu, apprécier un joli tableau chez un antiquaire sans vouloir le voir triompher dans son salon, idem pour les vêtements. Oui, je dis bien « idem pour les vêtements ». Développez votre sens de l'esthétisme, votre attrait pour le beau, mais pas pour le posséder. Légèreté et joie à la clef !

PAR ÉTHIQUE

Vivre simplement pour que simplement d'autres puissent vivre.

Gandhi (1869-1948), homme politique et guide spirituel indien.

Nos choix en tant que consommateurs ont un impact direct sur le monde : au niveau social (conditions de travail et de vie de la main-d'œuvre employée dans les pays en voie de développement), mais aussi écologique (épuisement des ressources naturelles). À chaque achat que vous ferez, pensez aux matières premières nécessaires pour la fabrication de l'article que vous avez entre les mains et ayez en tête les conditions de travail des ouvriers du bout du monde. **Il ne s'agit pas seulement d'acheter moins, il s'agit aussi, quand il y a achat, de consommer différemment.** La meilleure solution si vous êtes contraint d'acheter sera toujours d'acheter local et de saison.

Résistez aux diktats de la mode, pour la maison c'est pareil. Misez sur l'intemporel dans votre maison et dans votre garde-robe. N'oublions pas les mots de Coco Chanel : « La mode se démode, le style jamais. » Achetez de façon rationnelle et réfléchie et non pas sous l'impulsion d'un désir passager souvent conduit par une armée de publicités plus ou moins cachées, plus ou moins perçues comme telles. Tout concourt à nous faire consommer. Résistez.

Cette conscience politique, sociale et écologique ne pourra que se refléter dans votre maison, qui, de fait, s'allégera.

Vivre de liberté et de consommation ne semble possible que dans la mesure où l'on se sera préalablement demandé de quoi on a vraiment besoin, c'est-à-dire qui l'on est vraiment. Autrement dit : ce n'est pas gagné ! Car il n'est pas question ici de sacrifice. Diminuer nos déchets est de l'ordre de la responsabilité morale (écologiquement, nos actes les plus mauvais nous survivent toujours), mais ne plus en produire du tout relève de la haute performance. Personne n'exige que l'on devienne des saints de l'écosphère, et quand bien même on l'exigerait, vous voyez d'ici ce que nous en ferions ; en revanche, augmenter notre liberté vis-à-vis des objets, voilà qui peut tous nous intéresser ! **Nous vivons au beau milieu d'une foule d'objets nouveaux dont le désir et le besoin se créent par contagion et imitation, à notre insu pour ainsi dire.** La moindre des choses est de se révolter, de résister à notre asservissement aux objets. Interrogeons-nous : pourquoi vouloir posséder ? Une possession chasse l'autre. Nous sommes des Don Juan à notre manière, et on sait comment finit le donjuanisme.

Voici ce qu'on trouvait sous la plume de Paul Valéry en 1938 : « Il faudra bientôt construire des cloîtres rigoureusement isolés, où ni les ondes, ni les feuilles n'entreront ; dans lesquels l'ignorance de toute politique sera préservée et cultivée. On y méprisera la vitesse, le nombre, les effets de masse, de surprise, de contraste, de répétition, de nouveauté et de crédulité. C'est là qu'à certains jours on ira, à travers les grilles, considérer quelques spécimens d'*hommes libres.* »

Chapitre 2

Comment devenir minimaliste ?

FAIRE UN ÉTAT DES LIEUX

Ne possédez rien chez vous que vous ne sachiez utile ou agréable à vos yeux.

William Morris (1834-1896),
écrivain, poète et designer anglais.

Distinguez impérativement **les espaces de rangement** de ce que nous nommerons **les surfaces horizontales** (bureau, table, console, etc.) qui, elles, doivent rester vierges de tout objet. Oui, vierges, sans rien, *nothing*. Pourquoi ? Pour reposer l'œil, puis de ce fait l'esprit, et surtout pour laisser le champ libre à une possible nouvelle vie ou action. Qui a envie de se lancer dans une activité créative sur un bureau encombré ? Qui a envie de se lancer dans la confection d'un repas élaboré sur un plat de travail surchargé ? Personne. **Le surplus d'objets, en plus d'épuiser toute votre énergie**, vous contraint à une terrible léthargie. Vous ne faites rien à part le minimum de la routine quotidienne, et encore, mal. Pas de pulsion de vie, pas d'élan créatif. Offrez-vous ce luxe que représentent des espaces vides pour respirer, vous retrouver, puis vous exprimer par des actions.

Vous devez être d'une intransigeance totale avec ces zones : elles doivent toujours rester vides. Cela demande une grande autodiscipline, mais très vite un réel sentiment de satisfaction et de plaisir pur vous remplira. La discipline est donc le maître-mot, dans tous les domaines. Par exemple, dès que vous avez terminé de cuisiner, rangez tout le plan de travail. Rien ne doit traîner. Pressé après le petit-déjeuner ? Tant pis, ne partez pas avant que la table ne soit totalement débarrassée. Vous terminez vos papiers administratifs tard et une petite voix vous dit que « vous pourrez bien ranger tout ça demain » ? Que nenni, c'est maintenant et sans réfléchir. Sans cette intransigeance, les exceptions deviendront de plus en plus fréquentes et il vous sera impossible de changer réellement votre intérieur et votre rapport aux objets. Tout ceci nourrit un cercle vertueux d'actions bienfaitrices : **un beau bureau rangé donne envie de travailler, un beau plan de travail vierge donne envie de cuisiner.** L'envie précédant toujours l'action.

Soyez attentif au sol de votre maison, il s'agit peut-être bien là de la plus grande des surfaces horizontales. À conserver la plus zen et la plus vide possible.

Rassemblez tous les objets par nature et fonction : gain de temps car on sait tout de suite où chercher et surtout trouver, mais aussi gain d'argent à long terme, car on a une vision très claire et quasiment instantanée de ce que nous avons. Impossible de ce fait d'acheter en double un objet que nous aurions déjà par exemple.

La bibliothèque est un point central dans de nombreux intérieurs, on y trouve pêle-mêle les grands classiques de la littérature de nos années collège (et qui ne nous laissent que des mauvais souvenirs, il faut bien l'avouer), des best-sellers de l'été dernier et des grands noms de la littérature. On y trouve aussi un livre offert par un proche que vous adorez, un autre par un collègue de travail que vous détestiez. Côte à côte peuvent se trouver un livre qui est très cher à votre cœur et un livre que vous avez en horreur (vous avez péniblement atteint la vingtième page). Faites circuler vos livres, donnez, vendez.

Limitez aussi votre « matériel » (bricolage, tricot, peinture…). Si vous êtes un ou une adepte de loisirs créatifs en tout genre et que vous aimez vous essayer à beaucoup d'activités, rassemblez vos affaires toutes disciplines confondues dans un seul et même endroit. Autre travers des créatifs, l'accumulation : « Ce tissu est si beau, ah ! Je pourrais faire une petite robe pour ma future nièce », etc. Ter-mi-nez toutes les fournitures accumulées au gré de vos balades créatives dans les salons spécialisés et dans les merceries. Posez-vous des questions. Ne perdez-vous pas beaucoup trop de temps à acheter, à accumuler du matériel ?

LA LOI DE PARETO

Connaissez-vous ce principe, dit de Pareto (également appelé la loi des 80-20) ? Il stipule que nous utilisons seulement 20 % de nos affaires 80 % du temps.

FIXER DES LIMITES EN TERMES D'ESPACE

Observez votre intérieur, visualisez les changements que vous devez opérer pour avoir un espace le plus épuré et minimaliste possible. Visualisez chaque pièce et chaque coin de celle-ci. Avant d'entamer un quelconque rangement, réfléchissez au mode opératoire, mais surtout lancez-vous des défis quant à la place que devra occuper telle ou telle chose. Par exemple, d'emblée, à l'œil, et de façon tout à fait instinctive, dites-vous que toutes vos chaussures doivent impérativement tenir sur la première étagère de ce petit meuble et c'est tout, pas d'exception. De même, décidez de réunir tout votre matériel de bricolage ou de coiffure dans tel ou tel carton. Pas un de plus. Un contenant, pas plus. Si vous avez trop d'affaires, c'est qu'il faut encore trier. **Des limites, fixez des limites.** Même chose pour la vaisselle qui devrait tenir dans un seul placard, etc. Plus vous avez de l'espace « à offrir » à votre bazar, plus vous accumulerez. Voyez comme faire une valise nous oblige à réduire nos besoins, comme la taille d'une chambre ou d'un coffre de voiture constitue une limite très structurante. Ces limites peuvent être vues comme contraignantes au départ, mais elles deviendront très rapidement un repère structurant, quelque chose de très rassurant, un petit piment agréable, un challenge quotidien et même une source d'amusement et de grande liberté !

SECRET MINIMALISTE

Privilégiez toujours les objets polyvalents aux objets ayant un usage unique. Choisissez un marteau dont le second côté a une encoche pour enlever les clous, une grande poêle qui fera faitout, marmite, casserole et crêpière, une paire de chaussures noires passe-partout qui pourra aussi bien aller pour une soirée que pour la vie de tous les jours… Soyez malins !

FAIRE LE TRI DANS SA MAISON

Votre maison est comme un second corps, il faut donc en prendre soin. Cet endroit sera donc au cœur de votre nouvelle vie minimaliste. Commencez par faire un très grand tri dans votre maison, vous serez alors étonné par les bénéfices que vous allez en tirer en retour très rapidement : vous ressentirez **moins de stress, plus de sérénité** (car vous êtes maître de votre intérieur), vous aurez **plus de temps** (car tout ce qui vous entoure est fonctionnel et pratique), vous réaliserez **des économies d'argent** (puisque vous saurez faire avec l'essentiel, avec peu), vous aurez **une vie plus riche** (car la fonctionnalité engendre un gain de temps pour lire, peindre, etc.), et vous sentirez **un regain d'énergie**, physique et mentale, s'emparer de vous. La priorité est donc de changer ce qui vous entoure matériellement pour changer ensuite votre esprit.

Explorer son rapport aux objets

Dans la maison, notre rapport aux objets se complique d'une nuance subjective de sentiments et de superstitions. Il y a là un vieux reste de mythes et de croyances, quand ça n'est pas carrément de l'animisme non perçu ou non assumé. Tel objet nous protège, nous inspire, etc. Nous vouons à ces objets un culte invisible d'autant plus vil et dogmatique qu'il est invisible. Les objets sont les témoins de notre existence. Ils nous aident à préciser notre être, à affirmer son empreinte sur terre, ils nous renvoient, c'est le fétichisme rituel de la marchandise, à un arrière-monde pseudo-religieux, une pseudo-nature capitalistique.

Il faut se dégager de leur emprise et de notre propre sentimentalité. Concrètement, pour ce qui est de la maison, il s'agit de prendre conscience de l'espace autour de nous, et les objets, parfois, ne nous y aident pas. Car cette prise de conscience ne nous laisse pas indemne : c'est la révélation du vide. L'essence d'une pièce, en effet, ce ne sont pas ses meubles ou ses tableaux, pas plus que ses murs (ses limites). Son essence, c'est le vide. Sans ce vide, il n'y aurait rien. Ainsi, on peut dire avec Eckhart Tolle que « puisque l'espace, c'est le rien, ce qui n'est pas là est plus important que ce qui est là. » Les objets, le fatras encombrent l'esprit encore plus que l'espace : ils nous empêchent d'accéder à la réalité ultime faite de vide et de silence, à notre réalité, que les objets, ces fétiches des temps modernes, tendent à brouiller, à uniformiser, en un mot à détruire.

APPRENEZ À PRENDRE SOIN DE VOS BIENS

Ne pas être matérialiste, ce n'est pas délaisser « l'objet » ni le mépriser. Au contraire, ne pas être matérialiste, être minimaliste, c'est prendre soin du peu d'objets qu'on a en sa possession. Par exemple, un minimaliste va chérir sa seule paire de chaussures. Il va nettoyer et cirer ses chaussures, puis va peut-être même trouver dans cette activité un instant de paix, de pleine conscience. Conscient de la chance qu'il a

→

d'avoir ces chaussures, il ira peut-être même jusqu'à les remercier de le protéger de la pluie et du froid. À chaque coup de brosse passé sur le cuir, il appréciera la qualité du travail fourni pour arriver à une telle paire de chaussures. Il fera attention aux points de couture, aux empiècements, il réalisera tout le travail qu'a nécessité cette paire de chaussures. Il ne pourra qu'être plus respectueux de ce bien matériel et de ceux qui l'ont fabriqué...

VIDER ET ARRÊTER D'ACCUMULER

Vider est bien essentiel pour entamer une vie minimaliste, mais attention, il faut bien penser « à couper l'eau du robinet ». Voyez-vous ce que je veux dire ? Jeter une pile entière de magazines pour continuer à en acheter chaque semaine (et parfois sans les lire vraiment), n'est pas minimaliste. Trier toute sa penderie pour se ruer sur les prochaines soldes et dépenser de façon inconsidérée non plus. Si vous faites de la place dans votre

intérieur, c'est pour le conserver ainsi. **Si vous faites de la place dans votre intérieur, c'est pour transformer aussi ce que vous êtes et ne plus conjuguer le verbe « avoir », mais le verbe « être ». Vos rapports à la possession doivent peu à peu changer.**

Une fois le niveau d'encombrement minimal atteint dans votre intérieur, appliquez de façon intransigeante la règle du **« 1 entrant = 1 sortant »**. Vous verrez ainsi que les frénésies d'achats vont très rapidement se réguler. Cette règle sera parfaite pour gérer les objets de même nature ou fonction. *Tiens, tiens, je m'achèterais bien une nouvelle paire de chaussures ! Oui, mais le placard est plein, est-ce bien nécessaire ?* Idem pour un nouveau livre, une nouvelle chemise, une nouvelle tasse, un nouveau carnet, etc. Terrible, cette perpétuelle course au « plus joli », au « plus neuf ». Plus, plus, plus ; mieux, mieux, mieux... Si vous avez l'impression d'être justement dans cette course frénétique, interrogez-vous sur la pertinence de vos achats passés : avez-vous pris le temps de bien réfléchir avant d'acheter tel ou tel produit ? Vous êtes-vous suffisamment renseigné pour acheter le meilleur produit ? Qui ne s'est pas rabattu sur un produit disponible en magasin alors que le choix initial (le plus rationnel) se tournait vers un autre produit ? Impatience, impatience quand tu nous tiens. Cette sensation d'avoir fait une erreur en achetant un produit à peine franchi le seuil du magasin, les bras chargés, est tellement fréquente...

QUESTIONS À SE POSER AVANT TOUT ACHAT

› Ai-je vraiment besoin de cet objet ?

› Vais-je l'utiliser souvent ?

› Puis-je me le faire prêter ?

› Puis-je faire autrement (location, autre objet multifonctionnel déjà chez moi) ?

› Cet objet va-t-il prendre de l'espace ?

› Comment devrais-je l'entretenir ?

› Va-t-il me coûter de l'argent ?

› Si oui, combien, à quel moment et à quelle occasion ?

› Est-ce un objet qui se répare ?

› Puis-je le réparer moi-même ?

› Vais-je trouver facilement un réparateur ?

› Où est-il fabriqué ?

› Dans quelles conditions ?

LES VÊTEMENTS ET AUTRES ACCESSOIRES

Cessez de croire que c'est l'habit qui fera de vous une déesse. Que d'après-midis perdus à chercher une quelconque tenue dans des zones commerciales sordides. Au lieu d'acheter un manteau de la couleur pile poil à la mode cette saison, ne pouvez-vous pas plutôt accessoiriser le manteau que vous avez déjà avec un foulard ou une broche justement de la couleur du moment ?

Au lieu d'acheter une nouvelle robe « tu sais, plus dans les tons de bordeaux, car celle que j'ai est rouge », ne pourriez-vous pas jouer avec la couleur de vos collants ?

Ah ! Et les sacs à main... Eh oui, ça serait bien d'en avoir un de chaque couleur (même si les Parisiennes les plus chics vous diront que ça ne se fait plus du tout de coordonner les chaussures et le sac). Misez sur des sacs à main de très bonne qualité et sur des couleurs basiques. Les chaînes de prêt-à-porter bas de gamme sont à fuir. Tout y est fait pour que vous consommiez le plus possible. Fabrication dans des conditions plus que douteuses, qualité désastreuse, finition à revoir, style des plus cheap. Ces enseignes incitent à consommer des vêtements de façon

→

jetable et éphémère. Refusez cela. Refusez ce type de consommation. Une belle pièce dans une garde-robe, si elle est de qualité et choisie avec soin et intelligence, se chérit et se garde de longues années sans se démoder. Et nous sommes d'accord, il y a bien d'autres lieux de promenade que les magasins le week-end.

QUELQUES RÉPONSES À VOS POSSIBLES OBJECTIONS

- ***Me séparer de tout ce que j'ai, de tant d'objets, mais c'est du gaspillage, c'est honteux !***

Je comprends votre indignation. Car oui, tout mettre dans des sacs-poubelle sans distinction aucune serait honteux ! Mais désencombrer ne veut pas toujours dire jeter à la poubelle. La première intention du grand tri opéré dans votre maison sera de récupérer, nettoyer et réparer pour pouvoir ensuite donner (à des associations ou à des proches) ou bien vendre (sur des sites de vente en ligne, dans des dépôts-ventes, des vide-greniers, etc.).

Un exemple très précis, le cas des vêtements : ils peuvent être récupérés par des associations (vous pouvez les déposer dans des centres ou dans des conteneurs dédiés en ville ou dans les zones industrielles). Les vêtements en bon état seront revendus dans des boutiques dites « solidaires » alors que les vêtements vraiment trop usagés seront revendus à des groupes industriels qui transforment la fibre textile en matériau isolant pour le BTP.

- ***Je suis désolée, mais il y a tout un tas d'objets dont je me vois mal me séparer… Comme le dernier cadeau de fête des mères de ma fille ou tous les tickets de concerts auxquels je suis allée.***

Ce que vous me dites ici renvoie à **la valeur sentimentale** de certains objets. Une des principales barrières au désencombrement et au minimalisme. Je respecte tout à fait vos sentiments, mais essayez de vous interroger sur ce que vous ressentez vraiment en voyant tel ou tel objet. Est-ce si fort que cela ? Ressentez-vous vraiment de la joie en voyant cet objet ? Le conserver ne vous apporte-t-il pas plus de tracas que de joie ? Ne créez-vous pas tout un mythe autour de cet objet ? Le conserver vous fait-il vraiment revivre en partie le moment heureux auquel il est relié ? La beauté d'un souvenir dans le cœur et dans la tête n'est-elle pas suffisante, et même plus forte que ces quelques morceaux de matière ? Il faut être clairvoyant lors de ce grand tri, posez-vous toutes ces questions quand vous rencontrerez un objet avec une valeur sentimentale. Par contre, si vraiment la joie vous inonde simplement en regardant tel ou tel objet, évidemment, conservez-le sans hésiter.

- ***Ah, non, non, impossible que je donne ces raquettes de tennis, j'ai prévu de m'y mettre très prochainement et j'aurai peut-être moins mal au dos dans quelques mois.***

Les objets « au cas où » remplissent les placards des maisons. Oui, les maisons sont pleines de panoplies du parfait skieur jamais portées (« si un jour on y va avec les enfants »), de sorbetières (« pour plus tard, quand j'aurai plus de temps »), de livres achetés sur un coup de tête mais jamais ouverts (« oui, mais le sujet m'intéresse vraiment, j'aurai peut-être le temps de les lire pendant mon congé maternité »), etc.

Garder tous ces objets est très loin d'être une bonne idée. Pourquoi ? Parce que leur simple présence, leur simple stockage sous votre toit vous font perdre du temps et de l'énergie. Un impératif pour un intérieur minimaliste : faire place nette en donnant ou vendant tous ces objets « au cas où ». Si de façon ponctuelle vous avez besoin de tel ou tel objet très spécifique, il y aura toujours dans votre entourage quelqu'un en mesure de vous le prêter, vous pourriez même le louer. Une des clefs du minimalisme est de développer un nouveau système de pensée et de fonctionnement qui s'éloigne de l'envie de possession pour aller vers des relations d'échange. Il faut absolument développer l'entraide et le prêt entre les membres d'une même famille, entre voisins, entre collègues, etc. Pensez aussi aux ressourceries (notamment pour tout le matériel de bricolage) et aux ateliers en libre-service pour les machines à coudre par exemple.

- ***Je ne peux pas envisager de me séparer de ce collier offert par mes parents pour mon vingtième anniversaire, même si je ne le mets jamais !***

D'accord, conservez-le, mais il doit alors vraiment être pour vous une grande source de joie ! Mais demandez-vous s'il existe des zones d'ombre autour de cet objet quant aux souvenirs qu'il fait revenir à votre mémoire - car oui, il existe bel et bien des cadeaux empoisonnés pour une maison minimaliste ! Bibelot, livre, vêtement... C'est clair, si vous n'aimez pas un cadeau, vous ne devez pas vous forcer à le garder. Et attention, même par courtoisie, il serait absolument impensable d'exposer tel ou tel élément de déco offert par le passé juste pour ne pas blesser la personne qui vous a fait ce cadeau. Le mieux serait de toujours dire la vérité, en y mettant les formes, bien sûr. Cela permettra d'informer la personne sur vos goûts et votre façon de vivre et d'éviter ainsi un nouveau cadeau empoisonné à la prochaine visite. Mieux, expliquez précisément votre démarche minimaliste et dites que vous ne voulez plus de cadeaux, en tout cas de cadeaux matériels.

- ***J'imagine mal me séparer et surtout donner ce superbe manteau de marque payé plus de 400 €. J'aurais l'impression de jeter mon argent par la fenêtre. Je veux le garder, même si je le porte peu car il me plaît de moins en moins, et même s'il est un peu serré à la taille !***

Vous rendez-vous compte de ce qui vous relie à cet objet ? Le simple fait d'avoir l'impression de perdre de l'argent. C'est terrible ! Mais cet argent, il est déjà dépensé ! Et pour rien de surcroît puisque vous ne mettez plus ce manteau ! Vous ne le récupérerez pas en conservant votre manteau au fin fond d'un placard. Ce manteau que vous stockez dans votre armoire est donc sans utilité (puisque vous ne le portez plus) et il ne semble pas vous procurer un quelconque plaisir par sa simple présence. Reconsidérez le fait de le vendre ou de le donner (car oui, on peut aussi donner des choses de valeur sans vouloir toujours « récupérer sa mise ») et n'oubliez pas qu'un objet comme votre manteau (c'est-à-dire un objet qui est sans utilité et qui ne procure aucun sentiment de joie) absorbe l'énergie vitale de votre maison, mais aussi la vôtre.

L'OBJET-PARASITE

Mais qui est-il ? Un objet-parasite peut être un objet auquel personne **n'a attribué de lieu de rangement** (*décidément, où trouver la télécommande de la télé dans cette maison, sur l'accoudoir du canapé, sur le meuble de la télé ou sur la table basse ?*), mais aussi un objet qui **n'est tout simplement pas à sa place** (le sèche-cheveux dans le salon est à ce moment précis un objet-parasite), qui **n'a pas, ou plus, d'utilité** (pensez aux vieux câbles accumulés ou aux anciens téléphones portables stockés dans un tiroir) ou **qui ne suscite chez vous aucune joie ni aucun plaisir** (beaucoup de ces objets-parasites sont des cadeaux « empoisonnés » que vous gardez par culpabilité). **Les objets abîmés ou qui ne fonctionnent plus** sont aussi des objets-parasites tout comme les objets **qui vous rappellent de mauvais souvenirs**.

Chapitre 3

Le tri minimaliste : la méthode

BIEN COMMENCER

Celui qui sait se contenter de peu
est toujours satisfait.

Lao Tseu (VIe siècle av. J.-C.),
sage chinois.

Doucement, commencez doucement. Soyez doux avec vous-même, avec vos objets, votre maison… Commencez par de petites choses, allez **du moins visible** au plus **visible, du micro** au **macro**. Une bonne entrée en matière, avant de commencer le vrai grand tri de votre maison,

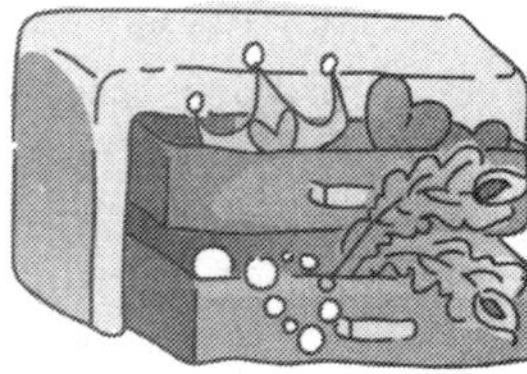

serait par exemple de trier et ranger un tout petit tiroir. Pourquoi ? Parce que le « petit » fonctionne absolument de la même façon que le « grand », le « tout ». Ils se ressemblent, se reflètent, sont interdépendants. Si la plus petite boîte de votre salon est parfaitement rangée et qu'elle ne contient que des choses utiles, votre salon ne pourra être qu'à son image à plus ou moins long terme. Après cette première approche sur quelques jours, passez au très grand tri, au vrai tri minimaliste.

① Délimitez une première surface sur le sol de la pièce dont vous décidez de vous occuper, vous pouvez délimiter cette surface avec du masking tape ou en disposant un grand rectangle de tissu (propre, évidemment, et uni de préférence). Cet espace est votre zone de travail, elle sera la pierre angulaire d'un tri efficace. Déposez délicatement sur cette surface tout le contenu du tiroir que vous souhaitez ranger, ou tout le contenu du placard dont vous vous occupez. Videz tous les placards d'une même pièce en même temps.

② Délimitez de la même manière une deuxième et une troisième zone sur le sol pour les objets que vous souhaitez déplacer et pour les objets **que vous souhaitez conserver.**

③ Disposez près de ces zones des sacs-poubelle pour tous les objets que vous allez jeter, mais aussi des cartons (un pour les objets que vous allez donner, un autre pour les objets que vous souhaiteriez vendre et un dernier pour les objets cassés que vous allez faire réparer).

④ Le tri minimaliste commence en prenant un à un chacun des objets présents sur la zone de travail. Posez-vous alors les questions suivantes face à cet objet que vous avez entre les mains :

- ***Cet objet est-il au bon endroit, dans la bonne pièce de la maison ?***

C'est la clef d'une maison minimaliste et fonctionnelle, il faut s'efforcer de rassembler tous les objets ayant la même nature ou la même fonction en un seul et même endroit ! Par exemple, rassemblez tous les livres de la maison dans une seule bibliothèque (livres pour enfants et pour adultes, livres sérieux ou moins sérieux, livres de littérature ou pratiques, etc.), toutes les affaires de sport dans le même carton ou dans la même armoire, les outils de bricolage dans une seule et même caisse (et non un outil dans telle pièce, cet autre dans telle autre pièce, etc.).

- ***Cet objet, est-il utile ou non pour moi dans ma vie quotidienne ? Quand l'ai-je utilisé pour la dernière fois ?***

6 mois sans avoir touché à cet objet ? Pire, vous aviez même oublié qu'il était en votre possession ? C'est très clair, cet objet n'est d'aucune utilité pour vous, rendez-vous à l'évidence et séparez-vous de lui. Le jour, sans doute lointain, où il vous manquera, vous pourrez l'emprunter à un ami ou le louer. Les « au cas où » et les « si » ne sont pas acceptés dans une maison et une vie minimaliste.

- ***Combien d'exemplaires en tout dans la maison pour cet objet ?***

Attention, les maisons sont pleines d'objets en double, triple (voire plus) exemplaire. Est-ce bien utile d'avoir dans la cuisine 2 presse-agrumes et 10 saladiers et dans le bureau 3 calculettes et 4 clefs USB ?! Vous devinerez aisément la réponse minimaliste que je suis prête à vous faire !

- ***Cet objet fonctionne-t-il parfaitement ? Est-il cassé, abîmé ?***

Cet objet ne fonctionne plus ? Trouvez le temps et l'énergie pour enfin l'amener chez un réparateur. Passez en revue tous vos objets et trouvez le courage d'apporter chez le cordonnier cette paire de chaussures aux semelles totalement usées, ce pantalon trop long (que vous ne mettez pas donc) pour faire un ourlet, etc. Conservez aussi ce bel élan pour, il est grand temps, déposer toutes vos piles usagées dans les conteneurs dédiés à l'entrée des grandes surfaces ainsi que les vieux téléphones portables qui traînent depuis des années dans vos tiroirs. Si l'objet est vraiment hors d'usage et non réparable, apportez-le à la déchetterie.

- ***La vue de cet objet me donne-t-elle un sentiment de bien-être ?***

Quand vous avez un objet entre les mains et que vous vous posez cette question, répondez rapidement, sans réfléchir, spontanément, en toute franchise, en mettant de côté les conventions sociales (« impossible de me séparer de cet objet, on me l'a offert. ») et même la valeur affective de l'objet (héritage d'un ancêtre, etc.).

- ***Si je voyais cet objet aujourd'hui dans une vitrine, est-ce que je l'achèterais ?***

Répondez sans réfléchir à cette question. Soyez honnête avec vous-même.
Selon les réponses que vous formulerez, déposez l'objet dans la zone dédiée. Même si vos réponses doivent être spontanées et franches, gardez en

tête que c'est dans la zone « à conserver » qu'il devrait y avoir le moins d'objets, le but étant d'épurer au maximum votre intérieur.

CONSEIL POUR LE MINIMALISTE DÉBUTANT

N'essayez pas de tout faire en un jour, c'est quasiment impossible et cela vous découragerait de tenter cette aventure. Faites un planning détaillé des pièces que vous souhaitez traiter ou des objets que vous souhaitez trier dans toute la maison (par exemple tous les livres) et respectez-le. Oui, respectez-le scrupuleusement, car il n'y a rien de plus déprimant que d'être dans un bazar permanent et dans une période de tri qui s'éternise. À la fin de votre session de tri, vous devez voir et ressentir un vrai mieux, même s'il s'agit d'une simple étagère dégagée.

L'ART DE JETER - L'ART DE DONNER

Apprenez à jeter. Cela fait mal, c'est certain. Mal pour soi, pour la planète. Mais en même temps, voir tous ces déchets va vous faire prendre conscience de tout ce que vous avez accumulé au fil des années et cela vous aidera certainement à résister à l'avenir aux sirènes des achats compulsifs inconsidérés. Vous aurez maintenant toujours en tête le devenir à plus ou moins long terme d'un bon nombre d'objets qui remplissent nos intérieurs. Ce devenir, c'est la benne à ordures (plastique qui s'abîme au fil des années, obsolescence programmée des appareils électroménagers, etc.).

Apprenez à jeter tous ces objets qui ne remplissent plus leur fonction (en panne et non réparables par exemple) et tous ces objets qui sont chargés de mauvais souvenirs (à jeter au plus vite, pour évacuer toutes leurs vibrations négatives).

Faites le tour de toutes les pièces de votre maison et apprêtez-vous donc à jeter (mais à jeter en respectant les règles les plus écologiques possibles, c'est-à-dire en recyclant au maximum et en apportant tous vos objets dans une déchetterie) :

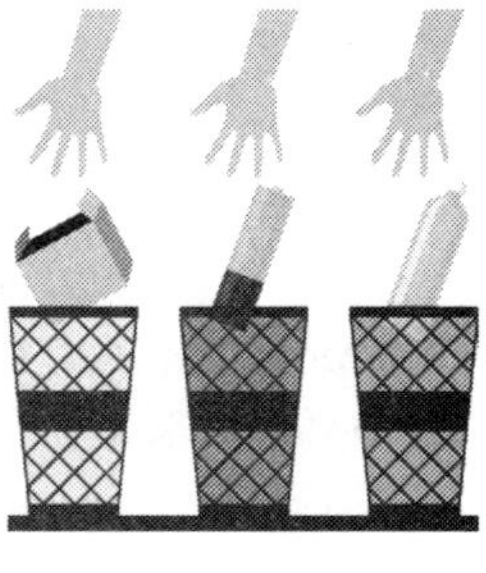

- **tous** les câbles accumulés au fil des années (câbles d'ordinateur, de télévision, etc.), mais aussi tous les chargeurs de vos anciens téléphones ;
- **toutes** les notices des appareils électroniques que vous ne possédez même plus ;
- **tous** ces objets qui ne peuvent s'utiliser que par paire, mais qui malheureusement, chez vous, se sont retrouvés seuls ! On peut citer les éternelles chaussettes qui se séparent par une sorte de malédiction et les boucles d'oreilles qui elles aussi finissent toujours en solo ;
- **tous** les objets achetés sur un coup de tête pour une hypothétique activité que vous n'avez jamais faite (gants de boxe, raquette de badminton, yaourtière...) ;
- **tous** les textiles très usés (draps, vieux T-shirts, serviettes éponge, etc.) ;
- **tous** les tickets de métro usagés, ainsi que les vieux plans rapportés de vos dernières vacances, les brochures touristiques et les cartes postales des copains... ;
- **tous** les appareils électriques qui sont hors d'usage. Non contents de prendre de la place dans votre intérieur, ils envoient des vibrations négatives ;

- ✗ **tous** les produits de beauté périmés (échantillons compris), ainsi que les médicaments périmés ;
- ✗ **tous** les produits de maquillage qui ont largement fait leur temps (vernis à ongles tout sec, etc.) ;
- ✗ **tous** les magazines de plus de 6 mois, que vous avez feuilletés une fois pour ensuite les laisser manger votre espace de vie ;
- ✗ **tous** les contenants recyclés dans la cuisine qui ne serviront jamais (*Tiens, je vais garder ce pot à moutarde, on ne sait jamais !*).

Donnez ensuite sans hésitation :

- ✓ **toutes** ces chaussures trop grandes (et donc que vous n'avez jamais aux pieds) et ces chaussures trop petites (que vous portez malgré tout, mais qui vous font terriblement mal aux pieds) ;
- ✓ **tous** ces cadeaux que vous détestez depuis le jour où on vous les a offerts, mais que vous vous sentez obligé de garder par politesse ;
- ✓ **tous** les sacs à main que vous redécouvrez dans vos placards, car vous ne vous rappeliez même pas leur existence.

J'ACHÈTE POUR PLUS TARD...

« J'achète pour plus tard, pour quand j'aurai maigri, quand je serai en congé maternité, quand je serai en couple, quand ma santé sera meilleure... J'achète pour plus tard, pour quand je ferai du running, des cupcakes par milliers, de la poterie, de la randonnée... » **Des « quand »** qui vous poussent à consommer toujours plus, par avance, pour une vie fantasmée, imaginaire. Vous croyez au moment de l'achat **que l'objet que vous êtes sur le point d'acquérir va vous transformer, vous amener directement à la vie ou à l'activité sur laquelle vous fantasmez, que la possession va engendrer l'action, alors qu'en vérité, c'est l'inverse, c'est l'action qui doit précéder la possession** !

Donnez tous ces objets que vous avez achetés en rêvant d'une nouvelle vie, de nouvelles activités, etc. Vous le constatez d'ailleurs très certainement par vous-même, acheter, posséder ces objets n'a pas été l'autoroute du bonheur que vous aviez espérée. Comment le pourraient-ils ? Ce ne sont que des objets.

PETIT CHALLENGE

Le packing party est une méthode créée par Joshua Fields Millburn et Ryan Nicodemus du blog *The Minimalists* (www.theminimalists.com). Cette méthode vise à reproduire les conditions d'un déménagement en emballant tous ses objets et meubles démontés dans des cartons (en veillant à les classer et à les regrouper selon leur nature et/ou fonction). La maison est donc ensuite vide, comme lors d'un vrai déménagement. Après avoir noté sur chaque carton ce qui se trouve à l'intérieur, vivez normalement dans votre maison et ceci pendant une période de 21 jours. Les jours passant, selon vos besoins, ouvrez le carton adéquat et récupérez ce dont vous avez besoin dans les cartons. **Au bout des 21 jours**, vous constaterez que finalement peu de cartons ont été ouverts (environ 20 %) et vous ne saurez même plus précisément ce qui se trouve dans les cartons toujours fermés. Si ces affaires cachées ne vous reviennent pas en mémoire, ne vous manquent pas et que vous n'en avez pas l'utilité, pourquoi les conserver ? Vous avez bien vu, vous avez pu vivre facilement sans elles : donnez-les ou vendez-les sans tarder.

INTÉRIEUR ET ÉNERGÉTIQUE

Aérer sa maison chaque jour au moins 15 minutes est essentiel pour la santé de ses habitants et pour des questions d'hygiène. Mais ce geste, très simple, permet aussi de renouveler l'énergie de tout votre intérieur.

ET BIEN SÛR...

Je ne parlerai volontairement pas dans ce livre des pièces de stockage telles que les caves. Transférer des objets de votre salon vers une de ces pièces n'est absolument pas envisageable.

ÊTRE MINIMALISTE AVEC SES VÊTEMENTS

Vaste chantier ! Très en vogue, les dressings semblent être le fantasme de beaucoup de femmes. Et pourtant, ces derniers sont de véritables pièges pour accumuler encore et encore des vêtements et accessoires. N'est-ce pas totalement fou de posséder des dizaines (si ce n'est des centaines) de paires de chaussures ? Et que dire de ces portants voyant défiler un nombre incalculable de tops, jupes et autres pantalons ? *Je n'ai rien à me mettre ! Je ne trouve plus ma veste bleue !* Autant de questions qui ne vous viendront plus à la bouche après un grand tri dans votre penderie. **Vive le minimalisme dans votre garde-robe !** À notre époque, appliquer un esprit minimaliste dans son rapport aux vêtements est primordial tant ces derniers occupent une grande place dans nos placards, nos pensées et notre temps. **Que de temps passé à penser « à l'objet du désir », que de temps passé dans les boutiques, que d'argent dépensé, chaque semaine, chaque mois...** Prenez du recul et reconsidérez la place que prennent les vêtements dans votre vie et décidez en pleine conscience de vous créer une **garde-robe minimaliste.**

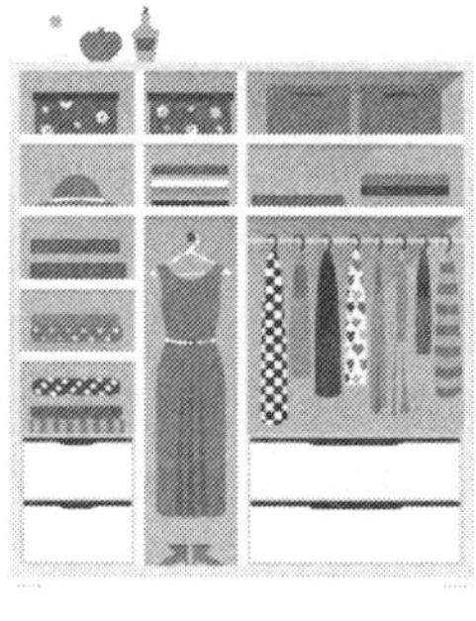

Triez, faites de ce moment une fête, oui, un moment joyeux ! Musique ou méditation sereine en silence, à vous de voir selon votre envie du moment. Trier ses vêtements reste quand même un des tris les plus faciles et des plus agréables à faire !

Disposez tous vos vêtements (absolument tous, fouillez dans toute la maison, pensez à tous les portemanteaux du couloir, aux vieux T-shirts laissés dans la salle de bains, etc.) et l'ensemble de vos accessoires de mode sur votre lit, toutes natures confondues (pantalons, vestes de tailleurs, etc.), toutes saisons confondues (du manteau en laine d'hiver jusqu'au short en jean d'été).

Essayez chaque vêtement, d'abord seul, puis accompagné d'un autre élément pour voir des tenues complètes. Mixez les pièces, faites des essais, voyez toutes les possibilités de votre garde-robe. Ces essayages vous permettront de repérer les pièces qui ne vous vont plus (soyez intraitable avec les coupes qui ne vous flattent pas - vous ne mettez de toute façon pas ces vêtements, donnez-les), les vêtements qui nécessitent des petites retouches faciles ou des petits travaux de couture (dans ce cas, mettez-les dans un carton, dans un endroit de passage pour être obligé de faire ces travaux de couture dans la semaine). Ces essayages vous permettront aussi de jeter tous les vêtements trop usés, ceux qui font double emploi (est-ce bien nécessaire d'avoir 3 pulls noirs ? 4 jeans ?), ceux que vous ne mettez jamais (soyez alerté par des phrases que vous direz spontanément comme « Ah, mais j'avais oublié que j'avais cette robe ! » - **si un vêtement est sorti de votre tête pendant de longs mois, c'est qu'il doit sortir de vos armoires pour toujours**). Gardez toujours en tête la loi des 80-20 **(on ne porte que 20 % de nos vêtements 80 % du temps).**

Pour obtenir une garde-robe minimaliste, vous devrez aller bien au-delà de la simple soustraction des vêtements trop abîmés. S'arrêter là serait nettement insuffisant. **Il faut donner ou revendre une bonne partie de vos vêtements qui seront sans doute toujours à la mode, jolis et bien coupés.** En même temps, il est réjouissant de s'imaginer que des personnes puissent aussi donner (et donc d'autres personnes recevoir) des affaires parfaites et dans le vent et pas que des vêtements de seconde main totalement démodés. Allez même jusqu'à vous séparer de vêtements qui vous ont coûté cher, ne les gardez pas seulement en souvenir de la dépense occasionnée si vous ne les mettez pas.

L'ACHAT DES VÊTEMENTS ET LE MINIMALISME

C'est évident, mais il est peut-être bon de le rappeler : n'achetez jamais un vêtement sans l'avoir essayé en cabine. Essayez toujours un vêtement en boutique, même s'il y a beaucoup d'attente dans les cabines ! En effet, les enseignes de prêt-à-porter insistent sur le fait que vous pourrez tranquillement essayer chez vous et rapporter l'article en magasin s'il ne vous convenait pas pour une seule raison : c'est qu'elles savent pertinemment qu'il y a peu de chance que vous reveniez en magasin, même si vous n'êtes pas convaincu à 100 % par votre achat. Prenez encore plus de précautions, une fois votre achat effectué, rentrez chez vous, mais **ne coupez pas les étiquettes immédiatement !** Conservez une marge de manœuvre pour éventuellement ramener votre vêtement. Ne coupez pas les étiquettes donc et faites des essais de votre nouveau vêtement avec vos accessoires, d'autres pièces de votre garde-robe pour voir comment vous pourriez porter ce nouveau vêtement au quotidien et comment il se mêle à ce que vous avez déjà. Essayez-le devant une glace, chez vous, avec vos chaussures,

→

différentes coiffures, etc. Votre coup de cœur pourrait se confirmer, mais aussi ne plus être du tout d'actualité ! Repliez soigneusement votre vêtement avec ses étiquettes dans son sac d'origine et réfléchissez à cet achat encore quelques jours (vous avez une dizaine de jours pour le retourner en magasin, à vérifier auprès de chaque enseigne).

Trier ses vêtements

① Videz toute votre penderie et mettez l'ensemble de vos vêtements sur une zone définie (au sol sur un grand tissu uni, sur votre lit ou sur une grande table). Déterminez une deuxième zone pour les vêtements que vous souhaitez conserver, une troisième pour les vêtements que vous souhaitez donner, une quatrième pour les vêtements qu'il vous faudra réparer (ourlet, reprise, etc.) et une cinquième pour les vêtements que vous allez jeter à la déchetterie sans aucun regret.

② Dépliez chaque vêtement. Inspectez-les pour vérifier s'ils sont abîmés, troués, etc.

③ Prenez un à un chacun des vêtements présents sur la surface de travail et posez-vous ces questions :

- ***Quand ai-je porté ce vêtement pour la dernière fois ? Pour quelle occasion ?***

Si vous n'avez pas porté ce vêtement depuis 6 mois, c'est qu'il est temps de vous en séparer. Faites cependant une exception pour les vêtements spécifiques pour les rendez-vous professionnels importants, les fêtes, le sport, etc.

- ***Ai-je des doublons dans ma garde-robe ?***

Soyez très attentif à tous ces vêtements qui peuvent se trouver en double, voire en triple exemplaire dans votre penderie. Est-ce bien utile d'avoir 3 jeans, 4 chemisiers blancs et presque 10 paires de tennis ?!

- ***Puis-je présentement porter ce vêtement ? Dois-je faire des petits travaux de couture pour pouvoir le mettre ?***

C'est le moment pour vous de raccommoder ce jean que vous ne mettez plus, de raccourcir cette jupe que vous trouvez à présent trop longue, de repriser le petit trou sur ce pull que vous aimez pourtant tellement et de coudre le bouton sur votre beau manteau d'hiver que vous ne pouvez plus correctement fermer ! Essayez tous vos vêtements pour vérifier s'ils sont toujours à votre taille, si vous être satisfait de votre silhouette avec, etc. Poursuivez sur votre lancée pour jeter, il était temps, tous vos sous-vêtements troués, vos collants filés, vos bas abîmés, vos soutiens-gorge qui ne soutiennent plus grand-chose, vos hauts décolorés sous les aisselles ou distendus, vos pulls qui boulochent, etc.

- ***Est-ce que je me sens bien quand je porte ce vêtement ?***

Mystère des vêtements ! Certains, sans savoir pourquoi, vous donnent un éclat particulier et une assurance savoureuse... Alors que d'autres vous font parfois vous sentir minable ! Conservez bien sûr les premiers et donnez ou jetez les seconds !

- ***Si je voyais ce vêtement dans une boutique aujourd'hui, est-ce que je l'achèterais ?***

Répondez spontanément, en toute franchise. Selon les réponses, placez l'objet dans la zone dédiée. Dans une optique minimaliste, c'est dans la partie « à conserver » qu'il devrait y avoir le moins de vêtements. Efforcez-vous de vous séparer du maximum de vêtements.

MINIMALISME ET ÉCOLOGIE

Ayez une vision durable de vos vêtements, il faut qu'ils soient de bonne facture et dans des matières nobles et des fibres naturelles.

Ranger ses vêtements

① Une fois le tri réalisé, occupez-vous des vêtements que vous souhaitez conserver. Réunissez tous vos vêtements par type (tous les chemisiers ensemble, toutes les robes ensemble, tous les pantalons ensemble, tous les hauts ensemble, etc.). Cependant certaines personnes préfèrent ranger leurs vêtements par couleur ! À vous de choisir, il n'y a pas de bon ou de mauvais choix. Le principal est que vous ayez du plaisir à choisir vos vêtements chaque matin, qu'ils soient mis en valeur et que l'ensemble soit fonctionnel.

② Optez pour un rangement traditionnel en piles (en pliant très soigneusement chacun de vos vêtements), ou, si vous avez des tiroirs, roulez vos vêtements et rangez-les verticalement. Profitez de ce moment pour réaliser une nouvelle fois et bien mémoriser toutes les pièces que vous avez en votre possession. Rendez-vous compte de la chance que vous avez d'avoir une belle garde-robe, minimaliste, épurée, mais uniquement constituée de vêtements qui vous vont à merveille et qui vous mettent en joie. Prenez aussi le temps, en rangeant tous ces vêtements, de visualiser comment vous allez pouvoir les porter, comment vous allez les mixer pour faire de belles tenues, comment vous allez les accessoiriser au quotidien, etc.

③ Concentrez-vous ensuite sur vos sous-vêtements en les réunissant par exemple dans une petite boîte. Faites la même chose pour vos chaussettes, collants, ceintures, etc.

MINIMALISME ET BEAUTÉ !

Essayez de rendre l'écrin de vos vêtements, le vide qui les accueille, c'est-à-dire l'intérieur de votre placard à vêtements, beau ! Si vous avez des étagères, habillez-les d'un joli papier (papier fantaisie, papier peint, papier adhésif, papier Kraft®). Si vous avez une penderie, séparez-vous des cintres en fil de fer récupérés chez le teinturier. En plus d'être horribles, ils peuvent être dangereux. Essayez de récupérer dans des boutiques de prêt-à-porter de jolis cintres en bois qui mettront en valeur vos vêtements.

→

Pensez à d'autres sens que la vue, à l'odorat par exemple, en parfumant vos placards à vêtements avec quelques coussins de senteur (faits maison avec du tissu recyclé et des grains de lavande) ou en vaporisant un peu d'huile essentielle (la lavande vraie est très efficace contre les mites).

Créer une garde-robe minimaliste

Une garde-robe minimaliste est constituée de pièces essentielles qui, en les mixant entre elles, peuvent créer de nombreuses tenues. Voici les étapes à suivre pour constituer une telle garde-robe. Il ne s'agit pas d'acheter de nouveaux vêtements, mais de voir autrement les vêtements que vous avez déjà en votre possession.

① **Choisissez la couleur foncée qui vous plaît le plus (bleu marine, noir, chocolat, gris...).** Toutes vos pièces maîtresses seront de cette couleur. Ce choix de couleur dominante va vous aider à écarter un bon nombre des vêtements de votre penderie.

② Faites de même dans le choix de vos chaussures. Une paire de bottines chocolat ou noires va avec quasiment tout, ce qui n'est pas le cas de ballerines à paillettes dans les

tons de violet. Le trait de cet exemple est peut-être un peu grossi, mais vous comprendrez aisément ce qu'il veut démontrer. Dans les faits, même une très jolie paire de mocassins rouges à glands reste moins polyvalente que des bottines noires. Gardez en tête qu'on ne peut pas tout avoir dans son armoire, que ce souhait est une chimère et une course folle qui ne vous satisfera jamais et que l'accumulation de tous les vêtements de la terre ne vous empêchera pas de toujours vous exclamer « je n'ai rien à me mettre ! ».

③ L'autre clef de la garde-robe minimaliste est le choix de **vêtements polyvalents.** Il s'agit de vêtements qui savent en peu de temps se fondre dans un look chic ou tout au contraire très décontracté. Ces pièces sont rares, exercez votre œil pour les reconnaître. Par exemple, un pantalon droit noir très bien coupé avec des chaussures de ville et une veste de tailleur offre une première tenue chic alors que ce même pantalon droit noir porté avec des tennis et un sweat-shirt molletonné offrira une parfaite tenue décontractée. De même, un pull dans une très belle laine et très bien coupé pourra vous accompagner aussi bien au bureau qu'à un événement plus mondain, surtout si vous accessoirisez votre tenue avec un élégant collier ou de belles boucles d'oreilles. Ces pièces polyvalentes seront donc toujours dans de belles matières, sans motifs exubérants ni couleurs trop clivantes.

④ Accessoirisez. Mais avant, donnez ou vendez le maximum d'accessoires. Gardez les plus forts, les plus élégants et les plus polyvalents. Ils vont vous permettre de réaliser tout un tas de looks avec les mêmes vêtements de base. Faites le maximum d'essais durant ce grand tri. Revenez-y quelques jours après si vous avez besoin d'un peu de temps pour réfléchir, prendre les bonnes décisions et voir votre placard débordant de mille et un vêtements autrement.

⑤ Rangez toutes les pièces de votre garde-robe au même endroit. Interdiction formelle de laisser quelques gilets dans l'entrée, des pantoufles dans la salle de bains, etc. C'est le seul moyen d'avoir toujours un œil sur le volume de vos affaires.

⑥ Libre à vous d'organiser votre rangement : par nature (tous les pantalons ensemble, etc.), par couleur ou par saison. Attention, ne mettez pas les vêtements de la saison à venir dans un carton hors d'atteinte. En effet, de plus en plus de pièces peuvent être portées toutes saisons confondues, vous pourrez parfaitement porter une blouse d'été en plein hiver avec un gilet en laine ou une veste de tailleur. Votre garde-robe doit être vue dans son ensemble.

PETIT CONSEIL
POUR VOTRE VIDE-DRESSING...

Préparez-vous comme pour un rendez-vous galant avant de vous lancer dans tous ces essayages. Épilation, manucure, cheveux propres et coiffés, visage maquillé... Vous devez vous sentir bien dans votre peau pour pouvoir faire les bons choix de vêtements, bien vous rendre compte de toutes les possibilités de tel ou tel vêtement et être dans la dynamique de choix, puis de tri.

L'esprit minimaliste voudrait que vous restiez le plus longtemps possible avec cette garde-robe, mais si vous craquez et que vous avez acheté un vêtement, appliquez la règle du « 1 entrant = 1 sortant ». Cela vous aidera à mûrir chaque achat et peut-être à résister à la tentation !

QUELQUES ASTUCES...

Osez demander à une amie un accessoire bien précis qui irait parfaitement avec votre tenue pour samedi soir. Oui, osez lui demander son sac rouge qui vous fait craquer ou sa ceinture vernie noire qui finirait tellement bien votre look. Il serait tellement dommage d'acheter un accessoire (ou même un vêtement) pour une seule soirée ! Même chose pour une combinaison de ski si vous n'y allez que de façon très ponctuelle, pour un chapeau ou pour une gourde pour une de vos rares randonnées dans l'année, etc. **Ne tombez jamais dans le piège du** « Ah, oui, je garde ce pantalon pour "quand j'aurais maigri". » Vous êtes bien sûr de vous en disant cela (depuis combien de temps devez-vous vous mettre au régime ?). **Ou dans cet autre piège du** « Ah oui mais ça, c'est pour quand je commencerai le running » (et pourquoi le running n'est-il pas déjà dans votre habitude de vie ?). Personne ne sait de quoi demain sera fait et vos bonnes intentions (tout à fait louables au demeurant) peuvent rester encore longtemps au stade de projets : séparez-vous de ces vêtements **« au cas où » et « pour plus tard, quand »** dès à présent.

CLAUDIA SCHIFFER ET KATE MOSS

Qu'on se le dise bien, Claudia Schiffer et Kate Moss sont sublimes avec un simple jean et un pull à col roulé noir... Est-ce vraiment l'habit qui rend beau ? N'est-ce pas plutôt le soin que nous accordons à notre corps et à notre visage ? Avoir une bonne hygiène de vie, une alimentation saine, faire un masque hebdomadaire sur le visage, prendre le temps d'hydrater sa peau correctement, de réaliser un maquillage flatteur tous les matins, de se coiffer et faire tout pour avoir des cheveux pleins d'éclat, ce sont toutes ces choses qui confèrent la beauté et non le vêtement (d'ailleurs, quand vous regardez une personne en photo pour la première fois, que regardez-vous tout de suite pour rendre votre jugement ? Le visage ! Pas les vêtements !). Toutes ces choses sont le contraire du « matériel », de la possession, de l'argent dépensé. Il s'agit ici de temps. Du temps que l'on prend pour soi. Bien loin d'être des gestes superficiels, ces soins peuvent être d'une profondeur incroyable et s'approcher d'une forme de méditation.

Maintenir le cap du minimalisme dans votre garde-robe

① Ne laissez pas le désordre gagner votre chambre et plus spécialement votre armoire à vêtements. Lorsque vous vous déshabillez le soir, deux cas de figure s'offrent à vous. **Premier cas de figure**, vos affaires sont sales : dans ce cas, mettez tous vos vêtements dans la panière dédiée au linge sale. **Second cas de figure**, vous pouvez remettre le lendemain certaines pièces : dans ce cas, pliez ces dernières le plus soigneusement possible puis rangez-les dans votre armoire, sur une étagère spécialement réservée « vêtements déjà portés pour demain ». Une fois la porte du placard fermée, rien ne doit traîner dans la pièce.

② Misez sur les accessoires de rangements verticaux (pour les chaussettes, les cravates, etc.).

③ Prenez soin de vos affaires. Aimez-les. Ayez plaisir à laver vos pulls délicats à la main, à cirer vos chaussures, à repriser un accroc sur une écharpe ou faire une petite reprise à la taille d'un de vos pantalons préférés.

④ N'associez plus le shopping à du plaisir. D'ailleurs, prenez un peu de recul : foule, bruit et consommation à outrance permettent-ils vraiment de se détendre ? Passer du temps dans des enseignes de prêt-à-porter ne doit plus être une habitude si vous souhaitez opter pour une vie « minimaliste ». Que dire du shopping en ligne ! Dire qu'Internet offre à portée de main tous les savoirs du monde entier et que nous passons finalement des heures sur les sites de Zalando® ou TopShop®...

UNE ENTRÉE MINIMALISTE

Pièce importante, l'entrée dit tout d'une maison, elle donne le ton en quelque sorte pour la suite à venir, pour l'ensemble de votre maison. C'est dire s'il est primordial d'en prendre soin et de la rendre la plus minimaliste et fonctionnelle possible. Voici quelques conseils pour l'aménager efficacement et la dégager au maximum pour en faire un lieu où l'énergie circule (car cette énergie, vous allez

la prendre avec vous en quittant votre domicile et la retrouver à votre retour en rentrant chez vous) :

- Placez une corbeille pour le courrier. Attention, cette corbeille ne doit pas voir du courrier stagner pendant plusieurs semaines. Efforcez-vous de traiter votre courrier dans les jours suivants son arrivée chez vous.
- Réservez un petit espace clairement repérable et défini dans cette entrée pour les objets en transit (objets à faire réparer, à donner, papier à faire recycler, pile à déposer dans le conteneur dédié, livres à rapporter à la médiathèque, etc.)
- Désignez un petit espace pour les trousseaux de clefs (petite coupelle, crochets, tablette fixée au mur, etc.).
- Installez un portemanteau pour accueillir les manteaux, les écharpes et tous les autres accessoires de l'ensemble de la famille (voici ici la seule exception à la règle déjà énoncée qui consiste à réunir tous les objets de même nature à un seul et même endroit). Dans cette même optique, disposez une petite boîte de rangement avec les paires de lunettes, les paires de gants, les parapluies pliables, les K-Way®, etc.

ÊTRE MINIMALISTE DANS SA CUISINE

On en fait des choses dans une cuisine, du petit-déjeuner jusqu'au dîner, des céréales jusqu'au bol de soupe, des confidences entre copines aux larmes du petit dernier, elle en voit passer des choses. On y mange donc, on y cuisine, on y cause aussi souvent et on peut même parfois y travailler, dessiner ou peindre... Bref, c'est un lieu qui rassemble les membres d'une même famille à de nombreuses occasions, c'est donc un endroit crucial pour opérer le « grand tri minimaliste ». Avez-vous remarqué qu'on fantasme souvent sur les cuisines chez Ikéa® ? Mais qu'est-ce qui nous plaît tant dans ces cuisines d'exposition ? Est-ce le design plus moderne que celui de la cuisine qui nous attend à la maison ? Est-ce les couleurs, les matériaux ? Et si ce n'était rien de tout cela, mais juste une irrésistible attirance pour le vide des plans de travail et des placards ? Le vide ou l'espace, comme vous voulez. **Le rien attire, le rien apaise.**

Évitez les éléments de décoration inutiles, préférez des contenants qui ont un réel usage comme les bocaux en verre accueillant tous vos aliments en vrac. Dans cette optique, tout ce qui est boîte en fer purement décorative, ancien moulin à café, balance à poids et casserole vintage accrochée au mur ou exposée sur une étagère doivent être donnés. **De l'espace, du vide pour plus de fonctionnalité et de sérénité.**

JE FAIS LE MÉNAGE DE FAÇON MINIMALISTE

Résistez aux sirènes du marketing qui vous font croire qu'il faut multiplier les produits ménagers et en avoir un pour chaque pièce. La saleté est la saleté où qu'elle se trouve, et chaque particularité d'une pièce pourra être maîtrisée par des produits tout-terrain comme :

- le bicarbonate de soude ;
- le vinaigre blanc ;
- le citron ;
- le savon noir.

Comme pour toutes les pièces, la clef sera le tri (voir page 43 *Le tri minimaliste : la méthode*), le rangement et l'aération des espaces de travail de votre cuisine. Attention, de nombreux espaces sont à vider, à trier. Il faut repenser, réinventer votre cuisine :

- Videz tous les tiroirs de votre cuisine et jetez sans état d'âme : les poêles Tefal® rayées, les fourchettes aux dents tordues ou abîmées, tous les couverts rouillés non récupérables, tous les couverts avec un manche cassé, etc.
- Séparez-vous des ustensiles que vous avez en double. Oui, en double, cela est très fréquent dans une cuisine !
- Triez vos produits ménagers, terminez-les, mais ensuite ne rachetez pas un produit par pièce. Achetez du vinaigre blanc, du bicarbonate de soude, du savon noir et du savon de Marseille... Vous pourrez nettoyer absolument tout dans votre maison avec ces quatre produits naturels, de la vaisselle au sol, de la salle de bains à la cuisine.
- Réfléchissez à comment ne plus utiliser de papier aluminium et de papier absorbant. Une idée, confectionnez des petits chiffons avec un vêtement en coton que

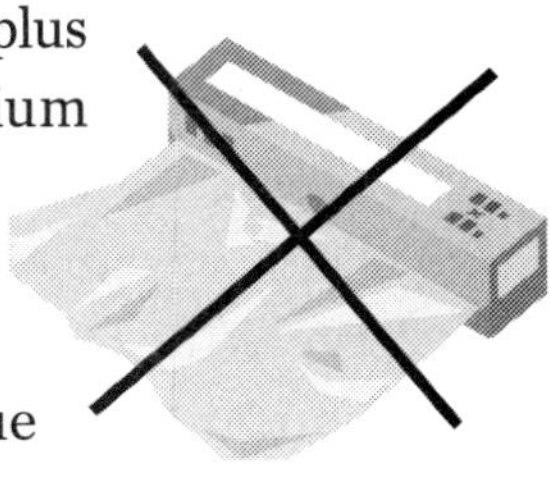

vous souhaitiez jeter et bannissez purement et simplement le papier aluminium en utilisant des contenants en verre avec couvercle ou des petites housses en tissu avec élastique que vous aurez fabriquées vous-même.

- Videz ensuite tous les placards qui contiennent de la vaisselle, des plats et des ustensiles. Vous risquez d'être choqué par la place que vont prendre ces éléments une fois sortis de leur contenant. Ils vont s'étaler littéralement sur votre table, sur le sol et même sur vos chaises. Très bon point, vous prenez alors conscience de tout ce que votre cuisine recèle et vous redécouvrez tout un tas d'éléments dont vous aviez oublié l'existence même. Ne gardez qu'un seul service, le plus complet et le plus polyvalent (c'est-à-dire celui qui saura être parfait pour la vie de tous les jours, mais aussi très chic en l'accessoirisant pour des événements festifs.).
- Jetez les contenants de récupération qui s'entassent au fond des placards comme les anciennes barquettes de glace, les pots à moutarde vides, les couverts en plastique récupérés ici et là, etc.).
- Dans vos placards, rangez les aliments par type (tous les féculents ensemble, tous les condiments ensemble, tous les légumes

ensemble, etc.). Souvenez-vous qu'un réfrigérateur est constitué de 4 zones : la zone froide (la moitié supérieure des étagères) pour disposer les denrées fragiles comme la viande crue, le poisson cru et les plats à décongeler, la zone fraîche, qui doit être à 4 °C (la partie inférieure des étagères) pour disposer les produits très périssables comme les laitages ainsi que la viande et le poisson cuits, le bac à légumes et la porte (zone la moins froide, pour les œufs, les condiments, les confitures, etc.).

- Triez tous les placards dans lesquels vous stockez vos denrées alimentaires. Jetez ce qui n'est plus utilisable ni consommable (périmé, infesté de mites alimentaires ou moisi) et rangez par catégorie les produits (les farines ensemble, les boîtes de conserve ensemble, les féculents ensemble, etc.).
- Videz et nettoyez votre réfrigérateur avec du vinaigre blanc et un peu d'eau chaude au moins une fois par mois. Faire cela de façon presque automatique vous permettra de bien prendre conscience de ce qui se trouve dans votre réfrigérateur et de ne pas acheter des aliments de façon inconsidérée. Vous maîtriserez mieux vos achats alimentaires.

- Important, nettoyez chaque semaine votre cuisine de fond en comble, pour ne jamais vous laisser dépasser et envahir par des objets qui ne devraient pas être là, etc.
- Pour être sûr de ne rien oublier lors de vos prochaines courses alimentaires, mais aussi et surtout de ne pas acheter en surplus, placez au mur un calepin pour inscrire la liste des courses pour la semaine suivante.

NOTA BENE

Si vous trouvez des ustensiles avec une couche de gras et de poussière, c'est bien que vous ne les utilisiez pas. Lavez-les et donnez-les.

ASTUCES POUR UN RÉFRIGÉRATEUR MINIMALISTE

› Enlevez les emballages en carton ou plastique avant de mettre vos denrées au réfrigérateur.
› Emballez séparément les aliments crus et cuits.
› Mettez les produits dont la date de péremption est la plus proche sur le devant des étagères du réfrigérateur, pour qu'ils soient les plus accessibles possible et que vous ne les oubliez pas.

À RETENIR

La Date Limite de Consommation (DLC) inscrite sur les produits réfrigérés suite à la mention « à consommer jusqu'au » indique la date à ne pas dépasser pour consommer le produit. Lorsque cette date est dépassée, le produit est impropre à la consommation.
La Date Limite d'Utilisation Optimale (DLUO) inscrite sur les produits suite à la mention « à consommer de préférence avant le » pour les produits secs, les surgelés et les boissons, indique une date qui peut être dépassée. Le produit peut être consommé sans risque, mais il peut perdre certaines qualités (nutritionnelles, esthétiques, etc.).

Mes nouvelles habitudes minimalistes dans la cuisine

① Je nettoie les surfaces de travail tout de suite après usage.

② Après un repas, je débarrasse entièrement la table, immédiatement. La table doit être laissée propre et dégagée. Je ne repousse aucune tâche ménagère dans la cuisine. Je fais la vaisselle directement après le repas. De même, le nettoyage immédiat des culs-de-poule et autres casseroles ayant servi à l'élaboration d'un repas doit se faire dans la foulée et doit être vu comme la fin de la recette/du temps de préparation de la recette.

③ Je ne quitte pas ma cuisine si la vaisselle n'est pas faite.

④ Je remets tout de suite à sa place un ustensile que je viens d'utiliser.

⑤ Je résiste aux sirènes de la consommation en voulant acheter des bols ou des tasses à la mode. J'apprends à voir la beauté de ce que j'ai déjà et à désirer ce que j'ai en ma possession.

⑥ Je nettoie et range mon réfrigérateur 1 fois par semaine pour vérifier la date de péremption des aliments et me rendre compte de ce qui est encore à disposition afin d'éviter d'acheter trop ou en double lors des courses alimentaires.

⑦ J'opte pour une vaisselle unique multifonctionnelle (une même tasse peut très bien permettre de servir un dessert, le café ou le thé) et fonctionnelle (forme facile à manipuler et à ranger, dimensions standards, design neutre, etc.). Les rares fois où je reçois beaucoup de monde, j'emprunte un service à quelqu'un de mon entourage.

MÉMO

Ce que vous pouvez jeter sans hésitation :

- ✗ Les assiettes, les bols et les verres ébréchés.
- ✗ Les couverts déformés ou en partie cassés.
- ✗ Les gadgets cassés.
- ✗ Les pinces et élastiques qui ne servent jamais.

Ce que vous pouvez donner sans hésitation :

✓ Les appareils qui prennent plus de place qu'ils ne servent (robots en tous genres, sorbetière, etc.). Demandez-vous vraiment si ces appareils, du plus onéreux au plus cheap, vous ont rendu la vie plus simple ou, finalement, plus compliquée (nettoyage difficile, difficulté à les manier, fonctions bien trop élaborées…). Il ne s'agit pas de supprimer de votre cuisine tous les appareils électroménagers, mais de faire un tri en vous interrogeant vraiment sur leur utilité selon l'usage que vous en avez. Pour certains, c'est la bouilloire qui restera sur le carreau, alors que pour quelqu'un d'autre ça sera la yaourtière ; cela est très personnel.

✓ Tous les petits accessoires en double (ouvre-boîte, économe, etc.).

✓ Tout ce qui s'est multiplié comme des petits pains depuis des années dans votre cuisine (torchons, dessous de verre, coquetiers, etc.).

→

✓ Les assortiments de verrines. Privilégiez les ustensiles multifonctions. Préférez donc utiliser vos verres pour servir des verrines.
✓ Tout ce qui vous pèse au lieu de vous alléger. Si vous n'avez pas utilisé un ustensile depuis plus de 6 mois, donnez-le.
✓ La quarantaine de torchons de cuisine que vous avez dans vos placards alors que vous tournez avec quatre.
✓ Les tabliers « humoristiques » qui se cachent dans le bahut.
✓ Les objets « trop beaux » qui du coup encombrent les placards (couverts en argent, vaisselle précieuse, etc.).
✓ Les moules à gâteaux de toutes les formes, matières et couleurs. Réduisez à trois moules.
✓ Les plats de présentation, trois semble être un bon nombre aussi.
✓ Les casseroles. Conservez-en seulement deux.
✓ Les livres de cuisine, qui, comme chacun en a déjà fait l'expérience, ne sont que bien peu utilisés ou seulement pour une ou deux recettes. Écrivez les recettes que vous réalisez souvent, puis séparez-vous du livre. Vous pourrez éventuellement conserver un livre de référence. Pour avoir de nouvelles idées de plat, pensez à louer les livres de cuisine à la bibliothèque ou à noter de nouvelles recettes chez des amis.

FAIRE AUTREMENT DANS LA CUISINE

Rappelez-vous qu'on peut cuisiner une délicieuse raclette **sans appareil à raclette** (en faisant fondre le fromage simplement au four ou dans une poêle à feu très doux), **que des blancs en neige se montent facilement en 5 minutes avec un fouet manuel, qu'un citron peut se presser à la force de la main** en piquant une fourchette en son centre, etc. Voyez toujours comment vous pouvez faire autrement, sans tous ces appareils qu'on fait passer pour indispensables…

Être minimaliste en faisant ses courses alimentaires

On achète en trop grande quantité et on jette ensuite par lassitude ou parce que les dates de péremption sont dépassées. Apprenez à finir ce que vous avez acheté, même si les menus se répètent. Faites vos courses au maximum avec des produits frais, vous aurez ainsi vraiment conscience de ce que vous achetez. Qui n'a pas, au fin fond d'un placard ou alignées fièrement sur une étagère, une multitude d'épices qui finalement ne sont jamais utilisées ? Est-ce qu'une recette qui fait envie sur le coup dans un magazine ou un livre vaut la peine de dépenser de l'argent, plus que d'habitude, et surtout d'encombrer votre cuisine ? Car, vous devez le savoir au fond de vous-même, cette sauce asiatique et cette farine exotique ne vous serviront plus jamais. Est-ce bien raisonnable d'acheter ces ingrédients ? **Faites de la cuisine simple chez vous**, avec des aliments de base et sortez (restaurant ou traiteur) si vos papilles vous réclament de nouvelles saveurs. Cuisiner simplement des aliments bruts rendra votre quotidien bien plus facile (de l'établissement de la liste des courses jusqu'au moment de cuisiner).

La règle est de toujours aller faire ses courses alimentaires seul et en ayant le ventre plein. Prenez majoritairement des produits bruts avec le moins d'emballage possible. **Tendez le plus possible vers le zéro déchet en achetant en vrac, en apportant avec vous des bocaux en verre et des petits sacs en tissu réutilisables pour la pesée et le transport.** Choisissez des produits de base et cuisinez le maximum ensuite. Pour les recettes plus élaborées, et si cuisiner n'est pas vraiment votre tasse de thé, demandez-vous vraiment s'il est nécessaire d'acheter trente-six mille ingrédients pour faire un plat ou un gâteau maison, qui ne sera d'ailleurs pas forcément réussi et que vous n'aurez pas forcément eu plaisir à cuisiner. Aller chez le pâtissier et acheter ce mets aurait peut-être coûté moins cher et cela vous aurait dégagé du temps et donné une vraie tranquillité d'esprit.

Arrêtez d'acheter des condiments par milliers. On achète un pot de sauce, on le termine et c'est seulement à ce moment qu'on achète un nouveau pot. **Le « tout, tout de suite » est incompatible avec le minimalisme**. De même, achetez un seul type de féculents à la fois, éventuellement deux, pour la semaine et non pas l'ensemble des possibilités qui s'offrent à vous dans les rayons. Durant vos courses alimentaires, achetez toujours avec parcimonie et en réfléchissant au bien-fondé de tel ou tel achat.

POUR ALLER PLUS LOIN

Vous pourriez tout à fait ne conserver qu'une pièce de vaisselle par membre de la maison (1 bol par personne, 1 assiette par personne, 1 verre par personne, etc.). En plus d'être minimaliste et donc très fonctionnel, ce choix rendra autonome et responsable chaque habitant de la maison, chacun devant, s'il veut manger ou boire de nouveau, s'efforcer de laver ce qu'il vient d'utiliser. Ces exemplaires uniques d'éléments de vaisselle par habitant vous effraient peut-être, mais n'ayez pas peur de trancher et de prendre des décisions fortes. C'est la seule solution pour vivre de façon minimaliste. Vous verrez qu'après ces changements, le cercle vertueux du minimalisme se mettra en place et que de nouvelles choses vous sembleront non nécessaires (à commencer par le lave-vaisselle, si vous suivez cette règle de l'exemplaire unique).

CHALLENGE MINIMALISTE : LE TIROIR « DÉBARRAS » DE LA CUISINE

Présent dans toutes les maisons, dans toutes les cuisines, ce tiroir contient toujours de drôles de choses. Un bric-à-brac sans nom. Anti-minimaliste à souhait, ce type de tiroir « débarras - *on verra bien plus tard* » n'est bon ni pour l'harmonie de votre maison ni pour votre esprit. Passez donc à l'action !

① Installez-vous autour d'une table totalement dégagée et propre, puis videz la totalité du fameux tiroir. Des choses assez incroyables devraient s'offrir à vos yeux !

② Vous allez d'abord rencontrer un tas de petits objets qui se sont égarés. Les fameux **objets-parasites** qui ne sont pas à leur place. Cela pourrait bien être un trombone, un tournevis ou quelques élastiques en caoutchouc ! Bref, rien qui devrait se trouver dans ce tiroir. Rangez au plus vite ces « égarés » à leur vraie place, avec leurs acolytes.

③ Vous allez ensuite sans doute rencontrer des éléments que l'on pourrait nommer les « **à recycler** ». Ils prendront sûrement la forme de piles usagées qui traînent là depuis des années ou d'un chargeur de smartphone tout

→

aussi vieux ou peut-être même d'une montre d'enfant datant des années 1990 ! À déposer en urgence dans un conteneur de recyclage dans le supermarché le plus proche de chez vous.

④ Enfin, il faudra vous occuper des « **à jeter sans regret** » : ici, nous sommes en présence de vieux papiers griffonnés, de morceaux de vaisselle cassée, de tout un tas de recettes découpées dans des magazines au fil des années, de mini-bouts de ficelle, d'un tube de colle totalement sèche, de vieilles cartes postales défraîchies et même des choses que vous ne saurez pas forcément nommer ! Poubelle, poubelle, poubelle.

ÊTRE MINIMALISTE DANS SA SALLE DE BAINS

Même chose pour cette pièce. Réunissez tout ce que vous avez dans vos armoires, sur vos étagères et au sol. Tout doit y passer, shampooings, brosses à cheveux, serviettes éponge, fer à lisser... Tous les espaces de rangement

doivent être dégagés. Passez en revue tous les objets et **posez-vous la question : utile ou pas utile ? Décoratif ou fonctionnel ? En double ?** Rangez, donnez, vendez (utilisez-vous vraiment ce lisseur-gaufreur à cheveux ?) et surtout prenez conscience de tout ce que vous avez accumulé dans votre salle de bains au fil des mois. Suivez la méthode présentée page 43 (*Le tri minimaliste - la méthode*), et examinons maintenant quelques points plus précis.

Désencombrer

Jetez sans états d'âme :

- les produits de beauté ouverts depuis plus de 6 mois et ceux qui sont périmés ;
- les serviettes éponge et les gants de toilette trop usés. Déposez-les dans un conteneur dédié au recyclage des textiles ;
- les gadgets inutiles qui peuplent votre salle de bains et envahissent l'espace (jeux en plastique pour enfant de mauvaise facture, les ustensiles de maquillage présents en de multiples exemplaires et qui n'ont donc aucune utilité (pinceaux, pinces, etc.) ;
- les brosses à cheveux vraiment abîmées dont vous ne vous servez plus (comme cette brosse sur laquelle survivent seulement

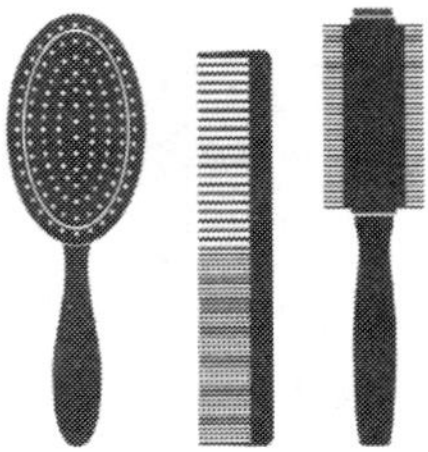

quelques picots...). Triez toutes vos brosses qui peuvent parfois dépasser la dizaine (pensez à bien réunir tous les éléments « salle de bains » disséminés dans toute la maison pour entamer ce tri. En effet, vous devez voir en un seul coup d'œil tout ce que vous avez). N'en conservez que deux, de formes différentes, ainsi qu'un peigne ;

- les élastiques à cheveux totalement informes ;
- les pinces à cheveux et autres accessoires anciennement tendance, mais qui maintenant sont totalement dépassés et vous font honte ;
- tous ces échantillons récoltés à chaque passage dans une parapharmacie ou une parfumerie, mais qui ne vous serviront jamais ! En effet, on vous a sans doute donné une crème pour peau sèche alors que vous avez une peau mixte, ou des produits pleins de parabène alors que vous ne jurez que par les cosmétiques bio ;
- les flacons vides.

Ranger

Réunissez au même endroit dans votre salle de bains les produits selon leur usage :

✓ les serviettes de bain et les gants à un seul et même endroit ;

✓ les produits pour l'épilation dans une grande trousse (rasoirs, bandes de cire, etc.) ;

✓ le savon, le gel douche et le gommage (pas plus) sur le rebord de la baignoire ou sur une étagère de la cabine de douche.

✓ tous les outils de coiffure dans un même carton ou un même tiroir (brosses, peigne, sèche-cheveux, lisseur, épingles à chignon, élastiques à cheveux, etc.) ;

✓ tous les produits dont vous avez besoin pour votre manucure dans une petite trousse (vernis, lime, ciseaux...). Allez au plus simple dans le soin de vos ongles. Prenez une base qui fait aussi top coat et n'ayez chez vous que deux couleurs maximum de vernis à ongles ;

✓ les produits ménagers dans une boîte fermée.

Nettoyez chaque semaine votre salle de bains de fond en comble.

Des rituels de beauté minimalistes

- Démaquillez-vous avec de l'huile végétale (bio et de première pression à froid), la même que celle présente dans votre cuisine. Un même flacon pour un double usage. Versez un peu d'huile dans le creux de la main, puis massez l'ensemble de votre visage. Insistez au niveau des yeux si vous portez du mascara. Faites des petits mouvements circulaires, puis enlevez toute l'huile et les impuretés et restes de maquillage qu'elle emporte avec elle avec des petits disques réutilisables et lavables en coton biologique. Nettoyez ensuite sans hésitation votre visage avec un peu de savon de Marseille.
- Pour purifier votre peau en profondeur, réalisez une fumigation. Faites bouillir 1 litre d'eau dans une grande casserole, puis plongez-y une poignée de thym sec. Laissez bouillir quelques minutes, puis arrêtez le feu. Placez la casserole sur une table, penchez votre tête au-dessus de la casserole en plaçant une serviette éponge sur votre tête pour contenir la vapeur et faire prendre un véritable bain de vapeur à votre visage. Restez 10 minutes ainsi. Séchez votre visage.

- Utilisez un peu de bicarbonate de soude pour un gommage express du visage.
- N'hésitez pas à faire des masques sur le visage chaque semaine, à base d'argile, d'œuf, de yaourt, de farine de pois chiche, de concombre, de miel, etc.
- Hydratez votre corps avec de l'huile d'olive et votre visage avec de l'huile d'avocat, de sésame ou d'amande douce.

Mes nouvelles habitudes minimalistes dans la salle de bains

- Je termine le flacon de mon produit avant d'en acheter un autre.
- Je me cantonne à un produit par usage (un seul shampooing, un seul savon, etc.).
- Je limite mon maquillage, là aussi, à un produit par type (un seul fond de teint, un seul mascara, etc.).
- Je recherche au maximum des produits polyvalents, je résiste aux sirènes du marketing.
- Je mets de côté les produits neufs non entamés et je finis chaque flacon d'un produit avant d'en entamer un autre.
- Je change mes habitudes de consommation en achetant le strict nécessaire. En effet, la multiplication des produits n'est souvent qu'un

outil marketing pour nous faire consommer plus. J'essaie de ne pas dépasser la dizaine de flacons dans ma salle de bains (gel douche et crème hydratante compris).

- Je mise sur des produits de beauté multifonctions (comme l'huile végétale d'amande douce qui permet de démaquiller le visage, mais aussi d'hydrater son visage, son corps, de faire des massages, etc.). Je pense également aux produits qui se trouvent dans ma cuisine et qui pourraient faire double emploi dans ma salle de bains afin d'être vraiment dans l'esprit du minimalisme. L'huile d'olive pourra servir de masque hydratant pour mes cheveux, le bicarbonate de soude de dentifrice ou de gommage pour le corps et le visage, le citron de lotion anti-acné pour mon visage ou d'agent blanchissant pour mes dents, etc.
- Si un produit me déçoit ou ne me convient pas, je prends l'habitude de le donner à une amie. En effet, un pot de crème de nuit « peau de velours » de telle ou telle marque peut ne pas du tout me convenir, mais aller parfaitement à quelqu'un d'autre !

CHALLENGE MINIMALISTE : L'ARMOIRE À PHARMACIE

L'armoire à pharmacie d'une maison regorge souvent de produits médicamenteux de tous types... et de tous âges ! Antithèse du minimalisme, il faut attaquer cette armoire de front. En effet, il n'est pas possible qu'un si petit meuble soit si peu fonctionnel et qu'on perde autant de temps à trouver une ordonnance ou un médicament précis.

① Videz l'intégralité de l'armoire à pharmacie. Faites le tour de votre maison pour récupérer tous les médicaments et toutes les ordonnances qui pourraient traîner dans les chambres ou la cuisine.

② Nettoyez-la.

③ Vérifiez la date de péremption de tous les médicaments.

④ Si des médicaments sont périmés, amenez-les chez votre pharmacien pour qu'ils soient recyclés. Faites de même avec les restes de traitements passés.

⑤ Rangez tous les médicaments que vous conservez. Regroupez-les par type (allopathie, tubes d'homéopathie, huiles essentielles, etc.) ou par visée thérapeutique (rhume, angine,

→

migraine, etc.) dans des petits contenants que vous pouvez étiqueter pour plus de fonctionnalité.

⑥ Regroupez dans une enveloppe toutes vos ordonnances qui sont d'actualité pour vous ou pour un membre de votre famille. Déposez cette enveloppe dans l'armoire à pharmacie, vous saurez à présent toujours où les trouver.

CHALLENGE MINIMALISTE :
LA TROUSSE À MAQUILLAGE

Il est impératif d'alléger sa trousse à maquillage. Plus elle sera grande, plus vous mettrez du temps à vous maquiller le matin. Ironie de la chose, nous conservons tout un tas de produits dans notre trousse à maquillage alors que nous utilisons souvent toujours les mêmes produits. Quel dommage ! Cette trousse, en étant plus minimaliste, serait bien plus fonctionnelle et vous gagneriez du temps chaque matin en vous maquillant. En effet, sans vous en rendre compte, une trousse de maquillage encombrée vous oblige à chaque

→

utilisation à sortir certains éléments de la trousse, à farfouiller dans ce bric-à-brac, etc. Bref, vous **perdez du temps**. Passez à une trousse de maquillage minimaliste pour plus de tranquillité d'esprit, pour plus de temps et plus d'efficacité.

① Videz votre ou vos trousses à maquillage sur une table dégagée et propre. Faites le tour de votre maison pour récupérer tous les éléments de maquillage qui pourraient traîner dans les chambres ou le salon, voire même la voiture !

② Placez tous ces éléments de maquillage à plat, éloignés un peu les uns des autres, sur votre surface de travail.

③ Jetez tout ce qui doit l'être, sans hésitation : le mascara sec, le fond de teint suspect, les produits qui vous donnent des allergies, le rouge à lèvres défraîchi, etc.

④ Donnez à vos amies ou à des membres de votre famille tout ce qui est utilisable, en parfait état, mais plus à votre goût : fard à paupières qui vous va moins bien maintenant que vous avez une nouvelle couleur de cheveux, fard à joues qui ne convient pas à votre carnation en ces mois d'hiver, blush en triple exemplaire, vernis que vous avez en trop grand nombre, etc.

→

⑤ Nettoyez ensuite votre ou vos trousses à maquillage avec de l'eau savonneuse dans le lavabo. Laissez tremper une bonne heure. Frottez, puis rincez abondamment à l'eau claire. Laissez sécher.

⑥ Prenez ensuite un coton imbibé d'eau micellaire et nettoyez tous vos étuis, vos glaces, vos tubes, etc.

⑦ Rangez les produits restants, il ne devrait vous en rester que très peu. Votre trousse devrait être toute légère.

Ce grand tri a dû vous aider à prendre conscience de la folie de l'accumulation et du côté vain de la chose. Savourez le maquillage que vous avez, ne courez pas après la nouveauté ou la dernière tendance. Si vraiment vous êtes en passe de craquer pour un nouveau maquillage, demandez-vous si vous en avez réellement besoin, si vous avez de nombreuses occasions de le porter ou non et si vous n'avez finalement pas déjà dans votre trousse quelque chose qui s'en approche. Si après toutes ces questions vous achetez un nouvel élément de maquillage, appliquez absolument la règle de base pour conserver une maison minimaliste « 1 objet entrant = 1 objet sortant », cette règle s'applique du plus grand des objets de votre maison au plus petit.

ÊTRE MINIMALISTE DANS SON BUREAU

Qui dit travail efficace, dit espace de travail rangé. L'esprit est ainsi libéré et apaisé pour se concentrer pleinement sur la tâche à accomplir sans être dérangé en permanence par le « bruit » du désordre environnant. Efficacité car silence mental donc, efficacité aussi pour des raisons très pratiques. Vous cherchez de quoi écrire un courrier urgent ? Grâce au minimalisme, vous trouvez tout le nécessaire en quelques secondes sans même avoir vraiment à réfléchir. Vous cherchez votre feuille d'avis d'imposition de 2014 ? Grâce au minimalisme, vous l'avez entre les mains en un clin d'œil. Vous voulez retrouver vos photos de vacances de l'été 2015 ? Grâce au minimalisme, elles sont déjà sous vos yeux. Pratique et sereine, la vie en mode minimaliste.

Ne pensez pas que l'opération « bureau minimaliste » échappera au grand tri. Certes, ce qu'on nomme « bureau » est rarement une pièce à part entière, mais plus souvent un meuble, mais il est souvent dans une situation de trop-plein, aussi petit qu'il puisse être. Voici comment procéder :

① Videz toutes les étagères, les tiroirs et le plan de travail sur une grande table ou sur votre lit.

② Jetez dans la poubelle de recyclage dédiée tous les papiers qui ne sont plus d'actualité : pubs, flyers, tickets de caisse, courriers administratifs déjà traités, documents de travail périmés, etc.

③ Fixez votre attention sur tous les papiers en rapport avec une activité, un centre d'intérêt ou un travail passés. Le passé est le passé, jetez.

④ À la poubelle également, les stylos qui ne fonctionnent plus, les trombones rouillés qui laissent de vilaines traces sur le papier, les post-it annotés qui traînent de-ci, de-là, les enveloppes usagées... Bref tout ce qui pollue votre espace de travail et qui, loin de faciliter votre quotidien, vous prend de l'énergie.

⑤ Créez un répertoire numérique dans lequel vous rentrerez toutes les informations présentes sur les nombreuses cartes professionnelles que vous avez en votre possession. Jetez ensuite toutes ces cartes de visite.

⑥ Séparez-vous de tout ce que vous pourriez avoir en double (paire de ciseaux, règle, calculatrice) et de tous les petits riens qui se multiplient comme des petits pains et qui ne seront, réalisez-le, d'aucune utilité (les mille et un élastiques en caoutchouc par exemple

- et ne parlons même pas de ceux qui sont totalement détendus !).

⑦ Faites le tri dans toutes les scories du monde technologique. Si vous avez plus de 3 clés USB, donnez-en. Jetez tous les câbles qui se sont accumulés au fil des années et dont vous n'avez plus l'utilité. Recyclez enfin vos anciens smartphones... Triez également les DVD vierges ou gravés et les CD d'installation de programmes que vous n'avez sans doute même plus.

⑧ Si votre bureau « accueille », on ne sait pas pourquoi, une imprimante, une lampe ou un scanner hors de fonctionnement et non réparable, direction la déchetterie.

⑨ Si vous tombez sur des fournitures achetées d'avance, réunissez-les toutes dans le même tiroir (cartouches d'encre, ramette de papier, etc.). Là aussi, si elles sont bien rangées, ensemble et au même endroit, vous saurez où chercher le moment venu, vous les trouverez et vous ne risquerez pas d'acheter une de ces fournitures en double.

⑩ Chaque chose à sa place, réunissez les enveloppes au même endroit, les classeurs sur la même étagère, les stylos dans un seul et même pot, etc.

CHALLENGE MINIMALISTE EN FAMILLE : LE POT À CRAYONS

Chaque famille abrite en son sein un mystère, celui des stylos, crayons et autres feutres hors d'usage qui sont soigneusement conservés dans un pot à côté du téléphone ou sur la console de l'entrée. Ce pot, il déborde toujours, mais quand on veut noter quelque chose en urgence, pas un seul de ces stylos, crayons ou feutres ne fonctionne ! Un grand tri s'impose !

① Récupérez tous les crayons, feutres ou stylos que vous trouvez dans votre maison. Passez chaque pièce et chaque meuble en revue.

② Installez-vous autour d'une table dégagée et propre, puis disposez votre butin.

③ Prenez une feuille de brouillon et essayez chacun d'entre eux pour voir s'il fonctionne.

④ Jetez tous les stylos et feutres hors d'usage.

⑤ Taillez avec soin tous les crayons en papier.

⑥ Récupérez 3 pots dans votre maison (pot de confiture par exemple). Disposez dans le premier pot tous les feutres, dans le deuxième tous les crayons et dans le troisième tous les stylos.

Mes nouvelles habitudes minimalistes dans mon bureau

① Je n'achète un nouveau carnet de notes qu'après avoir entièrement noirci celui que j'ai actuellement entre les mains. Résister à l'appel d'un carnet tout mignon, au design très réussi, peut vous demander un effort, mais c'est essentiel pour conserver un intérieur, et un bureau en particulier, le plus épuré possible. Je réfléchis à l'utilité d'un nouveau carnet dans le magasin : me reste-t-il des pages vierges dans le carnet qui m'attend à la maison ? Ne puis-je vraiment pas faire autrement (comme recycler le verso de papier imprimé par exemple, en le coupant à la dimension souhaitée et en réunissant les feuillets ainsi obtenus avec une agrafe ?). Si mon désir d'écrire est si grand, si pressé, ai-je vraiment besoin d'un carnet spécifique et design ? Un simple cahier de brouillon récupéré sur une étagère ne pourrait-il pas suffire ?

② Je scanne ! Articles de presse qui m'intéressent, cartes, faire-parts et lettres dont je veux garder une trace, mais qu'il est temps de jeter (seulement ceux-là), photos, papiers administratifs...

③ Je désigne un petit espace (boîte ou étagère) dédié aux documents en attente (lettre, factures, etc.).

④ J'instaure un rituel hebdomadaire pour traiter le courrier de la semaine. Je classe la paperasse de façon claire et ordonnée en créant des dossiers et des sous-dossiers. Je m'attelle à la tâche une fois par semaine et je ne quitte pas mon bureau tant que tout le courrier n'est pas ouvert et traité, et tant que tous les papiers ne sont pas classés au bon endroit.

⑤ Je laisse les murs de la pièce où se trouve mon bureau les plus épurés possible et je défais mon éventuel panneau d'affichage. Votre esprit sera ainsi moins distrait et plus serein. Si malgré tout vous souhaitez continuer à épingler des petites choses, faites-le uniquement pour les choses en « transit » ou « à faire » comme les listes des courses, un courrier à traiter, etc. Si ce tableau de bord a réellement cette fonction, les documents épinglés ne devraient jamais être les mêmes d'une semaine à l'autre.

⑥ Je quitte chaque soir un bureau rangé avec un plan de travail totalement vierge. Tout lendemain est une nouvelle aventure avec une histoire à écrire. Se réinstaller, se réapproprier son bureau chaque jour de nouveau est un très bon rituel qui permet de se mettre en condition d'une manière très agréable et de préparer son esprit à une nouvelle tâche.

STOP À L'ACCUMULATION !

Désabonnez-vous de tous vos abonnements papier (magazines, newsletter, etc.).

POUR ALLER PLUS LOIN

Avez-vous réellement besoin d'une imprimante à vous, rien qu'à vous ? Ne serait-ce pas un gain d'argent, d'espace et de tranquillité d'esprit (courir après une cartouche d'encre, la faire réparer, se retrouver bloqué à cause d'un refus inexplicable d'imprimer…) que d'aller ponctuellement imprimer vos documents dans un magasin spécialisé ? Repensez toutes vos possessions « informatiques ».

Je range les papiers administratifs

Année après année, les papiers administratifs et officiels s'entassent dans le bureau. Même si vous êtes déjà ordonné et que tous ces papiers sont soigneusement classés dans des classeurs, il n'en demeure pas moins que vous stockez sans doute beaucoup trop de documents et que vous pourriez considérablement alléger votre intérieur et votre esprit. Triez et jetez au maximum vos papiers administratifs, en numérisant une partie d'entre eux par exemple. Cependant, faites attention : en effet, les documents qui vont suivre sont à conserver sous leur forme papier impérativement[1] :

Banque

Contrat de prêt : 2 ans

Chèques à encaisser : 1 an et 8 jours

Relevés de compte, talons de chèque : 5 ans

Assurance

Courriers de résiliation, contrats, quittances, avis d'échéance, etc. : 2 ans

Véhicule

Factures (achat, réparation, etc.) : durée de conservation du véhicule

1 Source : www.service-public.fr/particuliers/vosdroits/F19134

PV pour amende forfaitaire : 3 ans

Santé
Ordonnance : 1 an
Carnet de santé : à vie
Récapitulatif de remboursement d'assurance maladie et de maternité : 2 ans
Examens médicaux, radiographies : à vie

Travail/chômage/retraite
Bulletins de salaire, contrats de travail, certificats de travail : jusqu'à liquidation de la retraite.
Attestation du Pôle emploi : jusqu'à l'obtention de l'allocation-chômage.
Reçu pour solde de tout compte : 6 mois

Famille
Livret de famille, contrat de mariage, actes d'état civil, acte de reconnaissance d'un enfant, jugement de divorce : à vie
Avis de versements d'allocations familiales : 3 ans

Impôts/taxes
Avis d'impôts locaux (taxe foncière, taxe d'habitation) : 1 an
Déclarations de revenus et avis d'imposition sur le revenu : 3 ans

Logement
Contrat de location, état des lieux, quittances de loyer : 3 ans
Attestation d'entretien annuel de la chaudière : 2 ans
Facture de téléphone (fixe et mobile) : 1 an
Factures d'eau et d'électricité : 5 ans
Titre de propriété : à vie

Conservez l'ensemble de ces documents dans des pochettes ou des classeurs. Créez des parties distinctes pour chaque thème pour pouvoir retrouver un document en un clin d'œil (Logement, Assurance, etc.). Faites de même pour les documents scannés. Rangez-les ensuite sur votre ordinateur de façon claire et distincte.

LES MAGAZINES QUI S'ACCUMULENT

Apprenez à moins acheter de magazines et de presse papier en général. Consultez au maximum la presse sur Internet et louez tout ce que vous voulez à la médiathèque de votre ville. Cependant, si vous craquez, voici un moyen de ne pas stocker tous ces magazines et journaux. C'est simple, lors de vos lectures, cornez les pages des articles qui vous ont vraiment intéressé. Si vous souhaitez les conserver et les relire, déchirez-les, puis classez-les soigneusement, par thématique, dans un classeur. Vous pouvez aussi faire le choix de les scanner. Dans ce cas, classez-les également avec soin dans votre ordinateur en faisant également des dossiers, soit par thème, soit par journal, etc.

Je fais attention à la paperasse qui s'accumule

En plus de l'heure hebdomadaire consacrée à la gestion du courrier (voir p. 104), voici quelques clefs pour ne pas amasser trop de paperasse.

- Une fois arrivé chez vous, chaque soir, ouvrez immédiatement votre courrier. Jetez les publicités et tout ce qui n'est pas utile (y compris les cartes postales !).
- Déposez à l'endroit choisi sur votre bureau le courrier à traiter dans la semaine. Mettez sur le haut de la pile ce qui est urgent et indiquez par un post-it la date butoir de retour s'il y en a une.

STOP À LA PUB

La loi est avec vous si vous inscrivez la mention « Stop Pub » sur votre boîte aux lettres. Vous pouvez écrire cette mention manuellement ou vous procurer un autocollant dans votre mairie ou sur le site www.developpement-durable.gouv.fr/stop-pub.

Pour stopper la pub dans votre boîte aux lettres, il existe une alternative. Cette alternative prend du temps, mais c'est un mal nécessaire : appelez les enseignes qui vous envoient des prospectus pour demander l'arrêt immédiat de ces envois. Pour stopper ce processus efficacement et sur le long terme, il faudra refuser de donner des informations personnelles dans les magasins

→

(pour obtenir une carte de fidélité) ou sur Internet (pour avoir accès à tel ou tel espace). **Ces données vous sont demandées pour une seule raison** : vous envoyer de la pub et vous faire consommer. Soyez aussi ferme avec les sociétés de vente à distance dont vous avez déjà été client. Faire une commande un jour ne devrait pas nous contraindre à recevoir sans cesse de nouveaux catalogues et offres promotionnelles. Faites-le savoir.

Les photos papier

Né avant les années 1990, vous avez sans doute un grand nombre de photos en tirage papier du temps de l'argentique. Un grand tri est sans doute nécessaire. Voici comment procéder :

① Réunissez absolument toutes les photos papier que vous avez dans votre intérieur (dans des boîtes, dans des cadres, glissées dans les pages d'un livre, posées sur des étagères, et même dans les albums, etc.).

② Faites un gros tas sur une table propre et dégagée (oui cela nécessite de défaire les albums).

③ Entamez du tri en faisant plusieurs piles de photos selon le thème ou l'année (ou pourquoi pas la personne photographiée ou le lieu), à vous de déterminer votre moyen de classification.

④ Quand toutes les photos sont dans des piles distinctes, regardez-les une à une : déchirez et jetez (en veillant à faire du tri sélectif) toutes les photos floues, toutes les photos dont les sujets ont les yeux rouges, les photos d'un même paysage qui se répètent plusieurs fois, les successions de photos qui décomposent toutes les étapes d'un mouvement (que c'est passionnant...), les photos vraiment peu flatteuses pour le modèle, les photos qui captent un moment qu'au bout du compte, vous préféreriez oublier, etc.

⑤ Jetez au maximum. Fixez-vous une limite avec un contenant (pourquoi pas une seule enveloppe (petite) par période) ou un nombre de photos par période (10 serait déjà un bon nombre).

LES COLLECTIONS

Que dire à part que cela va à l'encontre d'un esprit minimaliste ?

ÊTRE MINIMALISTE DANS SON SALON

Suivez la méthode présentée page 43 (*Le tri minimaliste - la méthode*). Examinons ici quelques points plus précis.

① Regardez bien votre salon, les yeux dans les yeux.

② Réfléchissez aux gros meubles : la circulation dans cette pièce est-elle aisée ou difficile ? Y a-t-il des meubles en double, voire en triple (console, bibliothèque, etc.) ?

③ Tous ces gros meubles ont-ils une fonction au quotidien ? Par exemple, ces deux poufs, là, autour de la table, des gens s'y assoient-ils vraiment ? Et cette troisième console dans le coin, est-elle bien utile ?

④ Selon vos réponses, donnez ou vendez, mais surtout épurez, faites le vide.

⑤ Passez ensuite aux objets plus petits comme les objets décoratifs et appliquez la méthode de tri.

⑥ Définissez ensuite un endroit pour chaque type d'objet (réunissez les livres au même endroit par exemple).

N'oubliez pas qu'un salon encombré va prendre toute l'énergie de votre famille au quotidien en rendant la vie de tous les jours compliquée alors qu'un salon épuré et fonctionnel va attirer des mouvements de vie. Préférons-nous nous asseoir sur un canapé spacieux et moelleux ou sur un canapé recouvert de mille et un objets ? Préférons-nous prendre un bon apéritif convivial sur une table basse bien dégagée sans magazines et papiers divers ou sur une table pleine de bazar ?

Vos priorités seront aussi de veiller à avoir un sol le plus dégagé possible. En effet, ce dernier offrira à vos enfants un bel espace de jeux et à vous, un endroit zen loin du stress. Vous ne serez pas agressé mentalement par des objets qui jonchent le sol et qui entravent votre marche.

Avoir une bibliothèque minimaliste

Nous sommes parfois très fiers de pouvoir montrer au monde entier une bibliothèque débordante de livres... Bon, peut-être pas au monde entier, mais au moins à tous nos invités, ça c'est sûr. Parfois en étant un peu prétentieux. Car, si on y regarde à deux fois, quelques questions méritent d'être posées.

Soyez honnête, avez-vous lu l'intégralité de ces livres ? Et même si vous les avez tous lus (ce qui reste quand même peu probable), les avez-vous tous aimés ? Regardez toutes les étagères de votre bibliothèque et demandez-vous quels sont les livres que vous avez achetés sur un coup de tête (ou coup de cœur, ou juste après la lecture d'une critique dans un magazine) et que vous ne lirez sans doute jamais ? Pouvez-vous repérer dans votre bibliothèque tous les livres qui vous viennent de vos années d'étude que, pour dire vrai, vous détestez ? Quels sont les livres que vous savez de bon ton d'avoir dans sa bibliothèque, mais que vous n'appréciez pas forcément ? Où sont les livres que vous avez véritablement lus et surtout véritablement aimés ? Posez-vous toutes ces questions en toute conscience, en vous dégageant du regard extérieur, du vernis social que nous avons tendance à étendre partout. Triez et faites le maximum pour obtenir une bibliothèque minimaliste !

① Enlevez tous les livres de vos bibliothèques. Vos étagères doivent être entièrement dégagées. Dépoussiérez soigneusement les étagères et chacun des livres. Faites cela avec l'ensemble des bibliothèques de la maison. Réunissez tous les livres dispersés dans votre maison (salon, couloir, chambre, toilettes, etc.) pour avoir une vue d'ensemble de tout ce que vous avez, pour pouvoir faire un tri efficace, puis pour pouvoir ensuite les réunir tous à un seul et même endroit, dans une seule bibliothèque. Tous vos livres devront tenir dans la bibliothèque désignée. Il va falloir faire un tri drastique.

② En même temps que vous dépoussiérez chaque livre un à un, prenez le temps de vous replonger dans tous ces livres. Relisez la quatrième de couverture, rappelez-vous comment ce livre est arrivé chez vous (achat chez un bouquiniste ? Cadeau d'un ami ? Si oui, lequel ?). Essayez également de vous rappeler la date approximative à laquelle ce livre est entré dans votre maison. Vous aurez des heureuses surprises, mais aussi de grosses interrogations sur la présence de tel ou tel titre dans votre maison.

③ Continuez ce tête-à-tête avec chacun de vos livres. Demandez-vous si vous le conservez pour de bonnes raisons, si vous l'avez déjà lu ou si vous êtes certain de le lire dans un avenir proche. Allez-vous réellement vous lancer dans cette nouvelle activité créative qui vous fait vibrer, la vannerie ? Allez-vous réellement vous plonger dans toute l'œuvre de Levinas ? Si ce n'est pas déjà fait, j'en doute. Voulez-vous réellement conserver cette BD hyper cheap que vous avez détestée recevoir à Noël dernier ? Toutes ces questions devraient vous amener à un tri très important.

④ Délimitez quatre zones au sol, une pour les livres que vous souhaitez conserver, une pour les livres en bon état dont vous souhaitez vous séparer et que vous pourriez vendre, une troisième zone pour les livres à donner et enfin une quatrième et dernière zone pour les livres à jeter (livres en très mauvais état, livres aux thématiques plus du tout d'actualité, etc.).

⑤ Replacez les livres que vous souhaitez garder dans votre bibliothèque. Vous pouvez alors les ranger par thème ou par auteur, puis par taille, et même pourquoi pas par couleur. Tout est possible, choisissez le classement qui vous paraît le plus agréable et fonctionnel.

⑥ Laissez des espaces libres dans cette bibliothèque, n'ayez pas peur du vide, et surtout ne voyez pas ces espaces vides comme des espaces à combler avec de nouveaux livres. Non, vides ils sont, vides ils doivent rester !

Mes nouvelles habitudes minimalistes avec ma bibliothèque

- Je donne ou je vends tous les livres dont je veux me séparer. Les possibilités sont nombreuses et faciles à mettre en place : don à un ami, vente lors d'un vide-greniers, don à une association, vente chez un bouquiniste ou sur Internet...
- Je privilégie la location de livres à la bibliothèque municipale.
- Si un livre m'intéresse particulièrement, avant de l'acheter, je me demande si je peux l'obtenir autrement que par un acte d'achat. Puis-je le trouver à la bibliothèque ? Un ami ne l'aurait-il pas acheté et ne pourrait-il alors pas me le prêter ? Si aucune alternative ne s'offre à vous, achetez le livre que vous désirez tant. Mais attention, mûrissez bien votre achat : avez-vous vraiment envie de lire ce livre ? Si l'envie est bien là, aurez-vous le temps de le lire ? Combien avez-vous de livres qui attendent toujours d'être lus chez vous ? S'il s'agit d'un livre pratique, n'avez-vous pas déjà un livre qui traite de ce sujet ? Ne pourriez-vous pas trouver les informations

que vous recherchez sur un site Internet de qualité ? Achetez votre livre seulement après vous être posé toutes ces questions. Si après tout cela, vous pensez que vous devez l'acheter, achetez-le ! Mais attention à l'après. Si vous considérez que c'est un livre rare et qu'il mérite d'être conservé, gardez-le, mais à la moindre déception, revendez-le et refusez de le faire entrer dans votre intérieur pour des années. Soyez le maître de la situation. Si seuls quelques passages du livre vous ont intéressé, créez un document sur votre ordinateur ou prenez un carnet, puis notez les passages, les citations qui vous ont touché, marqué, interrogé, etc.

ÊTRE MINIMALISTE DANS SA CHAMBRE

Ce devrait être la pièce la moins encombrée de tout votre intérieur. Lieu du repos salvateur pour récupérer d'une rude journée et en affronter une nouvelle le lendemain, elle doit être un sanctuaire aux

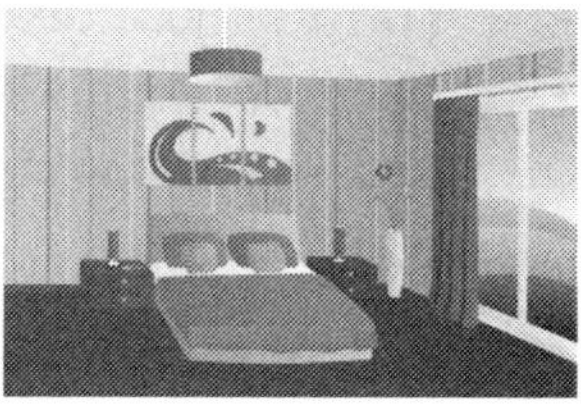

allures de chambre monacale, mais cosy ! Pas d'appareils électriques hormis une ou deux petites lampes, mais simplement la parure de lit, les tables de nuit, l'armoire (bien fermée, les habits ne doivent pas être visibles). Le minimum...

Attelez-vous aussi à la réduction drastique du linge de maison dans votre armoire. Pourquoi avoir autant de parures de lits alors que vous tournez avec deux seulement ? Et avez-vous vraiment besoin d'autant de coussins ? Pour trier ce linge de maison, pensez à le rassembler à un seul et même endroit, à tout sortir des placards (de toute la maison) pour bien vous rendre compte de tout ce que vous avez, des doublons, des erreurs d'achats faites par le passé, des objets qui n'ont finalement jamais servi, etc. Voici ce qui est à bannir d'une chambre minimaliste :

- les radios-réveils électriques ;
- les piles de magazines ;
- la télévision ;
- l'ordinateur et la tablette ;
- les décorations trop nombreuses au mur. Laissez au moins 3 murs vierges de toute décoration ;

- le bureau (incompatible avec le sommeil, trouvez absolument un autre endroit pour disposer votre bureau) ;
- les chaises ;
- les boîtes de rangement,
- les appareils de gym (tapis, haltères, vélo elliptique, etc.) ;
- les accumulations de bibelots, etc.

Mes nouvelles habitudes minimalistes dans ma chambre

① Je suis vigilant, ma chambre, épurée, minimaliste, ne doit pas attirer des objets errants.

② J'aère mes draps et je fais mon lit tous les jours bien sûr, et ce dès mon lever. Un acte tout simple, qui transfigure l'état d'une chambre, mais aussi mon mental et mon énergie. En effet, un lit fait génère calme et détente comme par un rayonnement magique, alors qu'un lit non fait, en plus d'appeler le bazar et le désordre, crée une pagaille intérieure et une humeur trouble.

③ Je traque toutes les traces de mes activités dans cette pièce sanctuaire. Je me déshabille ? Attention au pull et aux chaussettes que je pourrais laisser traîner. Je lis des magazines ? Attention à l'accumulation. Une fois lus, il vous faudra les donner ou les jeter. Attention aussi aux accessoires (sacs, bijoux, etc.) qui doivent être rangés à leur place attitrée tous les jours, pas de transit sur une table de nuit.

④ Je trouve une place déterminée dans mon placard pour tous mes sacs et accessoires. Les suspendre au dos d'une porte n'est pas une option.

POUR ALLER PLUS LOIN

› Phénomène de plus en plus important aux États-Unis : l'absence de literie dans les maisons minimalistes. Extrêmement mobiles, de plus en plus d'Américains sont las de déménager leurs grands lits à travers l'Amérique. Une révolution est en train de naître et un nouveau plaisir avec, celui de dormir à même le sol sur des matelas sans sommier, ou, bien mieux, sur de simples futons japonais. On dort, on se lève, on plie sa literie et la place dans la chambre ou le salon est immense. Le rêve, la liberté, l'espace !

› Optez pour des boîtes en tissus (et non une armoire ou un placard) pour ranger le peu de vêtements que vous devriez avoir.

› Choisissez des tables de nuit alternatives comme des chaises. Ou affranchissez-vous carrément de ce petit meuble.

CHALLENGE MINIMALISTE : LA BOÎTE À BIJOUX DE CES DAMES

Les bijoux… On les aime, on les adore, on en achète un peu, beaucoup : des babioles, mais aussi des pièces plus précieuses. On les porte un temps, tout le temps, jamais, de temps en temps, tous les jours, puis on s'en lasse… On achète d'autres bijoux… La boucle est sans fin et tous ces achats compulsifs s'accumulent au fil des années dans notre maison.

① Faites le tour de votre maison et récupérez tous les bijoux que vous avez laissés traîner.

② Séparez les bijoux fantaisie des bijoux de valeur.

③ Examinez un à un chacun de vos bijoux de valeur. Posez-vous les bonnes questions.

> Mettez-vous souvent tel ou tel bijou ?

> Ce bijou est en or, mais aimez-vous vraiment l'or ou préférez-vous l'argent ?

> Est-ce un style de bijoux que vous appréciez ?

> Si vous ne portez pas tel ou tel bijou de valeur, pourquoi le gardez-vous ? Est-ce par fidélité à la personne qui vous l'a légué (dans le cadre d'un héritage par exemple) ou par fidélité à la personne qui vous l'a offert (parent ou amoureux transi) ?

→

> Voir ces bijoux de valeur dans votre boîte à bijoux est plutôt un plaisir ou un poids ? Ou peut-être que vous ressentez une forme d'indifférence ?

Quelles que soient vos réponses à toutes ces questions, demandez-vous s'il est judicieux pour vous de garder ces bijoux. Si vous ne les portez pas, qu'ils ne vous apportent aucune joie et qu'ils sont plus un poids qu'autre chose (vous les cachez dans la maison quand vous partez en vacances de peur qu'on vous les vole par exemple), pourquoi les gardez-vous ? Croyez-vous que les personnes qui vous ont offert ou transmis ces bijoux vous en voudront si vous vous séparez de tel ou tel bijou ? Croyez-vous vraiment faire subsister un lien avec des défunts en conservant cet héritage ? Pensez vraiment à les donner à des personnes qui les porteront ou vendez-les !

④ Occupez-vous ensuite des bijoux fantaisie. Examinez-les un à un, puis jetez sans regret :

> les boucles d'oreilles orphelines ;

> les bijoux plus du tout à la page que vous ne mettrez plus ;

> les bijoux cassés ou très abîmés (et non réparables) ;

> les bijoux noircis, rouillés... impossible à récupérer et à nettoyer correctement.

→

⑤ Après ce grand tri, rangez vos bijoux qui devraient être à présent peu nombreux. Vous avez pu prendre conscience de la folie de l'accumulation et du côté vain de la chose. Savourez les bijoux que vous avez, ne courez pas après la nouveauté ou la dernière tendance. Si vraiment vous êtes en passe de craquer pour un nouveau bijou, demandez-vous si vous en avez réellement besoin, si vous avez de nombreuses occasions de le porter ou non et si vous n'avez finalement pas déjà dans votre boîte à bijoux une pièce très ressemblante. Si après toutes ces questions vous achetez le bijou, appliquez absolument la règle de base pour conserver une maison minimaliste « 1 objet entrant = 1 objet sortant », cette règle s'applique du plus grand des objets de votre maison au plus petit.

CHALLENGE MINIMALISTE : LA TABLE DE NUIT

La table de nuit se doit d'être la plus minimaliste possible.

① Videz entièrement votre table de nuit. Nettoyez-la.

② Rangez à leur place tous les objets-parasites qui ne devraient pas se trouver là. Pinces, élastiques à cheveux, bandeaux, vernis et crèmes. Triez, rangez et jetez si besoin.

③ Conservez sur votre table de chevet seulement le livre que vous être en train de lire. Pas de pile de livres que vous avez commencés, mais jamais terminés, de livres que vous avez abandonnés dès les premières pages tellement vous vous ennuyiez, de livres que vous devriez lire pour votre travail ou de livres que vous espérez lire depuis plus d'un an.

④ Pas de place non plus pour des paquets de biscuits ici.

⑤ Si vous trouvez des médicaments, triez-les et rangez-les dans l'armoire à pharmacie.

MA NOUVELLE ROUTINE MINIMALISTE POUR MON INTÉRIEUR

Celui qui sait qu'il possède suffisamment est riche.

Lao Tseu (VIe siècle av. J.-C.), sage chinois.

- **J'apprends à dire *non*.** *Non* aux sacs plastique dans les magasins, *non* au suremballage chez les commerçants, *non* aux cartes de visite données à tout-va, *non* aux échantillons dans les parapharmacies, *non* aux cadeaux matériels de la famille et des amis, *non* aux prospectus, etc.

= J'opte pour des sacs en tissu réutilisables, j'amène mes propres contenants (bocaux en verre ou petits sacs en tissu) chez les commerçants qui pratiquent le commerce de détail en leur expliquant ma démarche minimaliste.

= Au lieu d'accepter les cartes de visite, je note toutes les coordonnées présentes sur la carte dans un fichier électronique.

= J'invite tous les membres de ma famille ainsi que mes amis à s'interroger sur la notion de cadeau et de déchets. Je m'affirme en déclinant tout éventuel cadeau. Je propose par exemple un Noël alternatif, dont les seuls présents autorisés seraient des bons cadeaux pour une activité à l'extérieur ou un service ou un cadeau fait maison (un gâteau, un massage, etc.).

- **J'instaure le rituel semestriel du grand tri** de changement de saison.
- Lorsque j'évolue chez moi, **je m'oblige à remettre systématiquement un objet à sa place** après son utilisation. Cela deviendra même un automatisme et un plaisir au fil des semaines.
- **Chaque achat que je fais est mûrement réfléchi.** En effet, la réflexion doit toujours être grande car chaque objet présent dans ma maison me prend de l'argent, du temps et de l'énergie.
- **Je réfléchis à toutes les solutions alternatives qui s'offrent à moi avant d'acheter** quoi que ce soit. Je pense à emprunter ou à louer en première intention.
- **Je ne pars jamais faire mes courses alimentaires sans ma liste de courses.** Je la suis très strictement une fois dans les rayons.
- **J'applique de façon intraitable la règle du « 1 objet entrant = 1 objet sortant ».** Si vous vous achetez une nouvelle jupe, séparez-vous d'une ancienne jupe présente dans votre armoire. Même chose pour le mobilier, le maquillage, le linge de maison ou la

vaisselle. Cette règle du « 1 objet entrant = 1 objet sortant » ne vient cependant qu'en seconde intention. En effet, la première intention d'une vie, d'une consommation minimaliste est de faire avec ce qu'on a le plus longtemps possible en pleine conscience, en toute harmonie et avec joie. L'idéal est de faire le moins d'achats possible.

- **L'acte d'achat devient de moins en moins fréquent dans ma vie.**
- **Je consacre** 1 heure par semaine (toujours la même) durant laquelle je gère tout le courrier et la paperasse en général, etc.
- **Je mets dans l'entrée un carton pour que chaque membre de la famille puisse y déposer les objets à recycler (piles usagées par exemple) ou à réparer (ressemelage de chaussures, aspirateur en panne, etc.).** Je fais tout mon possible pour m'occuper de ces objets dans la semaine.
- **J'attribue à chaque objet une place fixe.** Le fouet dans la cuisine se trouvera toujours dans ce placard, les parapluies à cet endroit de l'entrée, etc.
- **Je quitte la maison comme je souhaite la retrouver le soir...** C'est-à-dire propre et bien rangée, n'est-ce pas un souhait commun à chacun d'entre nous ?

ACHETER MOINS POUR DEVENIR MINIMALISTE

Posez-vous ces questions avant de faire un quelconque achat :

- *Ai-je vraiment besoin de cet objet ?*
- *Cet objet va-t-il beaucoup me servir ?*
- *Ne pourrais-je pas faire autrement (prêt, location ou résultat similaire avec un autre objet) ?*
- *Posséder cet objet ne va-t-il pas générer de trop grandes contraintes (argent et temps) ?*
- *Ai-je assez de place pour l'entreposer ?*
- *Posséder cet objet va-t-il me rendre heureux ou va-t-il créer des soucis ?*
- *Puis-je me permettre cet achat au niveau financier ?*
- *Posséder cet objet ne va-t-il pas de pair avec de nombreuses dépenses cachées (pièces à changer régulièrement, accessoires à acheter en complément, consommation électrique...) ?*

UNE FAMILLE MINIMALISTE !

Devenir minimaliste n'est pas une passade ni un effet de mode. C'est un changement de vie profond qui aura des incidences dans tous les pans de votre vie. Et surtout au niveau de votre famille. Une fois que la prise de conscience aura lieu et que vous serez passé à l'action, il vous restera à être minimaliste au quotidien presque sans vous en rendre compte (gardez cependant en tête qu'il faudra revenir sans cesse vers de grands cycles de tri et de déstockage pour aller vers toujours plus de minimalisme). Vous, mais aussi chacun des membres de votre famille. Pour vous aider sur ce chemin, voici quelques conseils tout simples à mettre en place le plus rapidement possible une fois les grands changements opérés, pour pousser chacun dans la maison à devenir minimaliste.

① Donnez l'exemple. Vous voir détendu, évoluant dans un espace fonctionnel qui rend la vie plus sereine, ne pourra que convaincre vos enfants et votre entourage. Le temps que ce mode de vie permet de dégager séduira autour de vous.

② Mettez tous les membres de la maison à contribution en établissant un planning de rangement très clair. Rendez la chose ludique en expliquant ce que vous souhaitez, par exemple, avoir le plus de surface vide dans le salon.

③ Lancez des challenges, par exemple pour les plus petits, « voir le plus de lattes de parquet dans la chambre » pour les pousser à ranger leur chambre, ou « chasser les trombones dans le bureau, voire dans toute la maison », etc.

④ Impliquez les enfants dans ce mode de vie en les incitant à devenir minimalistes dans leur chambre (qu'il faut traiter de la même façon que la vôtre). De même, préparez les courses alimentaires en élaborant la liste de courses avec eux (regardez ensemble ce qui est encore présent dans le frigo, etc.).

⑤ Demandez à vos enfants de remettre à sa place chaque objet utilisé.

⑥ Lancez chaque semaine des chasses au trésor (une semaine, tous les vêtements qui traînent un peu dans toutes les pièces alors qu'ils devraient tous se trouver à leur place désignée).

⑦ Initiez très jeune votre enfant à la règle « 1 objet entrant = 1 objet sortant ». Il faut le responsabiliser très tôt pour qu'il comprenne que le choix d'acheter un objet a un impact. Évoquez les impacts écologiques et sociaux, aidez-le à se questionner sur la nécessité ou non d'un tel objet, demandez-lui si cela va vraiment changer sa vie, amenez-le à se rendre compte qu'il pourrait peut-être faire autrement (s'il désire un nouveau jeu, peut-être qu'il pourrait y jouer ponctuellement chez un ami qui l'a en sa possession ?). S'il veut absolument ce jeu, il doit en donner ou en vendre un déjà présent dans sa chambre. Même chose pour les vêtements, la prise de conscience doit être forte chez les adolescents pour qui les vêtements sont un bien de consommation comme les autres, c'est-à-dire jetable.

⑧ Soyez toujours valorisant envers un enfant qui fait un acte allant dans le sens du minimalisme.

⑨ Créez-vous un défi journalier : repriser une paire de chaussettes ou enfin la jeter, donner ce livre qui est là sous vos yeux depuis des années et que vous n'avez jamais lu, jeter cette centaine d'élastiques en caoutchouc qui triomphent sur l'étagère de votre bureau, trier vos papiers de la semaine, donner ou vendre cette petite robe achetée sur un coup de tête mais que vous ne mettez jamais, etc.

⑩ Disposez dans votre entrée un carton « à donner », un carton « à réparer » et un carton

« à recycler » (en plus des poubelles de recyclage de votre cuisine). Sur votre passage au quotidien, vous ne pourrez pas faire abstraction de ces objets qui sont en trop dans votre intérieur et qui doivent absolument partir de chez vous.

UN BÉBÉ MINIMALISTE

› N'achetez pas tout en avance, voyez au fur et à mesure.

› Pour aménager la chambre de bébé, récupérez du mobilier et du linge de maison des autres pièces de votre intérieur.

› Demandez-vous si vous ne pouvez pas « faire sans », « faire autrement ». En effet, vous pouvez très bien stériliser les biberons sans machine spécifique avec une simple casserole d'eau bouillante, vous pouvez cuisiner des purées sans robot spécial, etc.

› Choisissez des couches en tissu réutilisables.

› Limitez la garde-robe de votre bébé.

À part le lit pour bébé, n'achetez pas de mobilier spécial « enfant ». En effet, qu'allez-vous faire de tout cela une fois que bébé grandira ? Essayez de ne rien acheter, mais plutôt de récupérer fauteuil, commode, etc. dans le reste de la maison... du mobilier pour adulte suffit !

Chapitre 4

Minimalisme et vie numérique

Il y a peu, je questionnai une vague connaissance travaillant dans le numérique sur l'après-Internet, sur un au-delà possible : elle me regarda avec des yeux exorbités et avança une réponse d'un laconisme terrifiant : « C'est trop tard, on ne s'en passera jamais. » J'essayai d'argumenter, faisant état des nombreux centres de désintoxication qui existaient déjà dans le monde, des courants écologiste et minimaliste, sans éveiller chez elle autre chose qu'une sorte de curiosité un peu condescendante... On en serait donc là : « C'est trop tard ». Comme si cette vague connaissance travaillant dans le numérique elle-même, qui en vivait, avouait sa honte de servir la toute-puissance mondialiste, ultra-consumériste, clivante et populiste.

Bien sûr, on peut utiliser Internet de bien des façons. Bien sûr. Mais à trop se raccrocher aux branches de notre « propre » utilisation, ne ferions-nous pas le jeu d'un mécanisme dont la racine, elle, semble bien pourrie ? À entendre et comprendre cette vague connaissance blasée travaillant dans le numérique, les réseaux sociaux sont un passe-temps négligeable, méprisable, mais dont l'ampleur est telle qu'on ne peut plus rien y faire. L'architecture de la liberté future, celle que chacun réclame, n'est peut-être pas celle de Google et de Facebook. Il revient à chacun de nous de se défaire de ces géants d'Internet, individuellement, et de jeter méthodiquement, comme pour notre chambre ou notre sac à main, tous les ustensiles inutiles, parasites et illusoires, puis de transformer notre rapport aux hashtags, aux iPhones et aux réseaux sociaux. Comment ? Mais de manière très protocolaire (détox digitale, mantras quotidiens, rupture avec son ordinateur) !

Avoir une vie quotidienne minimaliste génère forcément des changements dans son rapport au numérique. Le minimalisme appliqué au monde numérique nous éloigne définitivement des hashtags à l'ego surdimensionné (#JeKiffe-MaLife #MesAmis>TesAmis), des kyrielles de selfies sur Instagram, des incessantes notifications et des flots d'e-mails quotidiens. Le minimalisme appliqué au monde numérique nous éloigne de notre smartphone, des écrans et des réseaux sociaux pour notre plus grand bien. En effet, ce trop-plein, ce « bruit permanent » nous use, brouille notre mental, fatigue notre corps et notre esprit, fait le lit de quelques périodes de déprime, de stress et de petits maux physiques ou psychiques... Devenons minimalistes dans nos vies numériques et nous verrons très vite tous les fruits de ces changements : plus de sérénité, une clarté d'esprit retrouvée, une bonne humeur que nous avions oubliée et une énergie à toute épreuve !

MOI ET LE NUMÉRIQUE

Survolez-vous plus que vous ne lisez les textes un peu longs sur votre écran ? Arrivez-vous à lire un article de presse en entier dans le journal ? Manquez-vous de plus en plus de patience dans la vie quotidienne, vous énervez-vous facilement ? Dormez-vous bien ou avez-vous quelques problèmes de ce côté-là ? Avez-vous besoin de faire plusieurs choses à la fois, sans quoi vous avez l'impression de vous ennuyer ? Fonctionnez-vous en mode zapping pour tout (travail, activité, discussions, etc.) ? En répondant spontanément et en toute franchise à ces questions, vous vous rendrez compte de l'impact qu'a votre vie numérique surchargée sur vous. Un nouveau souffle semble s'imposer, celui d'un minimalisme de la vie numérique.

ENTAMER UNE DÉTOX DIGITALE

Je refuse d'être connecté pendant ces moments-là et à ces endroits-là :

- **Au réveil** ! Je ne consulte pas mon smartphone à peine les yeux ouverts, consulter mon smartphone ne doit jamais être mon premier geste du matin.

- **Lors d'un rendez-vous**, qu'il soit amical, amoureux, médical ou professionnel ! Le smartphone sur la table au café entouré de ses amis, c'est non.
- **Pendant l'heure qui précède votre coucher.**
- **La nuit**, s'il est utile de le préciser ! Petite astuce, créez un rituel familial en récoltant tous les smartphones de la famille, éteints, dans une boîte que vous rangerez dans un endroit connu de vous seul.
- **Le dimanche matin**, voire même toute la journée.
- **Lorsque vous faites une tâche domestique** dans votre maison (préparation du repas, couture, etc.) ou quand vous vous détendez (lecture, musique, etc.).
- **Dans la chambre à coucher**, particulièrement le soir.
- **Dans la salle de bains** (ne pouvez-vous pas être simplement là dans le délice de l'instant présent, de cette eau chaude qui vous caresse le corps, de ces douces fragrances qui vous enveloppent, sans que vous ayez besoin de distraire votre esprit par un film ou une chanson ?).

PETITS CONSEILS POUR VOUS AIDER À DÉCONNECTER

› Installez des applications qui peuvent vous aider à déconnecter comme les applications Forest et Offtime.

› Désactivez le signal sonore de votre smartphone vous avertissant de l'arrivée d'un message.

› Quand vous travaillez, ne laissez aucune fenêtre ouverte connectée à Internet, et attention, réduire la fenêtre ne compte pas, il faut vraiment la fermer !

› Supprimez les jeux et toutes les applications qui font plus perdre du temps qu'autre chose et qui ne servent pas vraiment. En effet, tous ces jeux et ces applications créent des tentations perpétuelles et ne laissent aucun espace libre.

› Allumez votre smartphone le plus tard possible dans la journée et éteignez-le le plus souvent possible dans la journée, puis le plus tôt possible dans la soirée.

› Actualisez votre liste d'amis sur Facebook. N'êtes-vous pas pollué quotidiennement par la lecture de posts souvent insignifiants de personnes que vous ne connaissez pour ainsi dire pas ?

→

› Efforcez-vous de ne pas toujours lire immédiatement les messages reçus, on ne vous siffle pas comme un chien.
Gardez le contrôle de votre espace numérique qui doit être le plus allégé possible.

AVOIR UNE BOÎTE MAIL MINIMALISTE

- Conservez dans votre boîte de réception uniquement les mails non traités. Classez immédiatement dans des dossiers dédiés les mails lus et traités. Supprimez immédiatement les mails qui méritent la corbeille, puis videz la corbeille. Avec ce système, vous saurez ainsi instantanément ce qui a été fait, ce que vous pouvez oublier ou au contraire ce qui reste à lire ou à traiter de façon plus ou moins urgente. Votre esprit sera apaisé.
- Créez une adresse professionnelle et une adresse personnelle.
- Apprenez à discerner les vraies urgences. Ne vous précipitez pas pour envoyer ou répondre à un mail.
- Ne consultez pas votre boîte mail continuellement. Fixez-vous seulement deux moments

dans la journée et respectez ces horaires. Il est tout à fait contre-productif d'être rivé sur sa boîte mail. Délivrez-vous de cela, pensez au nombre d'heures perdues ou passées à travailler d'une façon plus que distraite dans l'attente d'un mail. C'est ridicule, très mauvais pour votre concentration et pour votre travail.

- Créez une adresse mail dédiée aux jeux concours, aux inscriptions à des ventes en ligne, etc. En effet, vous ne serez ainsi pas pollué à longueur de journée par des mails publicitaires qui vous poussent à la consommation et vous prennent du temps.
- N'hésitez pas à utiliser l'option de renvoi de message automatique. En effet, ce dernier informera vos interlocuteurs de votre rythme de consultation de votre boîte mail ainsi que de vos moments de déconnexion et évitera tout quiproquo.

MINIMALIST WAY OF LIFE

N'hésitez pas à vous désabonner des newsletters que vous ne lisez plus (ou que vous n'avez peut-être jamais lues d'ailleurs). Une adresse pour stopper cet envoi doit se trouver dans les mentions légales du site. Paramétrez votre messagerie pour les classer automatiquement dans les spams si vous ne parvenez pas à arrêter l'envoi de ces newsletters. Comme toujours, c'est à vous de garder le contrôle et de décider de ce qui peut ou non atterrir dans votre boîte mail.

AVOIR UN ORDINATEUR MINIMALISTE

Les divers documents...

Votre bureau d'ordinateur doit être à l'image de votre bureau physique, c'est-à-dire dégagé, le plus minimaliste possible.

① Changez votre image de fond d'écran et optez pour une image épurée.

② Classez tous vos dossiers dans le disque dur de votre ordinateur. Idéalement, votre bureau ne doit rien contenir, ou au maximum un dossier accueillant tous les documents des dossiers en cours que vous ne pouvez pas encore classer. Veillez à ce que les documents dans ce dossier de transit ne restent pas plus d'une semaine.

③ Plongez-vous dans tous vos dossiers. Ouvrez-les les uns après les autres. Dans chaque dossier, ouvrez absolument tous vos fichiers (Images, fichiers Word, vidéos, PDF, Power Point, etc.). Ouvrez-les tous, relisez-les en diagonale pour bien vous souvenir de quoi il s'agit et décidez ensuite si vous conservez ou non ce fichier. Vous devez traiter un fichier de la même façon que vous traiteriez un objet de votre maison.

④ Placez dans la corbeille tout ce que vous souhaitez écarter, puis videz la corbeille.

⑤ Classez tous les documents que vous souhaitez conserver dans des dossiers de la même façon que vous le feriez pour vos documents en papier dans des classeurs de bureau (« Factures », « Assurances », « Automobile », etc.). Faites ensuite des sous-dossiers (par thème, date...).

⑥ Désinstallez tous les programmes et tous les logiciels dont vous ne vous servez jamais. N'hésitez pas à vous faire aider par un professionnel pour être sûr de faire la manipulation complète.

⑦ Supprimez régulièrement l'historique, les cookies et les caches de votre navigateur Internet.

NOTA BENE

Appliquez les règles du tri et du rangement minimalistes à tous vos dossiers informatiques.

Le cas des photos numériques

L'apparition des appareils photo numériques a bouleversé notre rapport aux photographies et aux images de façon plus générale. Nous sommes passés d'un objet, la photographie tirée sur papier, rare et précieux, à un objet d'une grande banalité, presque sans importance. En peu de temps les nourrissons se sont retrouvés mitraillés par des objectifs et les parents noyés sous des centaines de clichés. En peu de temps, les quelques clichés de vacances se sont multipliés en séries de photos numériques sans fin qui inondent les réseaux sociaux et engorgent la mémoire des ordinateurs. Mais cent photos de bébé, souvent monotones et redondantes, apportent-elles plus d'émotion qu'une poignée de photos de ce même bébé ? Un seul cliché saisissant le moment parfait, le moment drôle, le regard, le décalage, n'est-il pas bien plus fort qu'une série de photos aux poses et aux sourires forcés ?

Appliquez les règles de tri et de rangement minimalistes à tous vos dossiers photographiques. Voici quelques pistes.

① La première chose à faire est un tri drastique dans toutes les photos numériques accumulées au fil des années. Attention, vous risquez d'avoir du mal à le faire, et pourtant, vous vous sentirez tellement mieux après. Vous ne perdrez rien en mettant à la corbeille bon nombre de ces clichés qui sont au fond très vides. Faites défiler d'abord rapidement toutes vos photos pour avoir une vue d'ensemble. Ensuite, regardez-les de nouveau plus lentement, en vous arrêtant sur chacune d'entre elles. Comme pour un objet physique, posez-vous les questions suivantes :
– Quelle émotion est-ce que je ressens en regardant cette photo ? De la joie ? Non, au contraire une forme de mélancolie voire même une pointe de tristesse ?
– Ce cliché est-il rattaché à un événement heureux ? La période à laquelle a été prise cette photo était-elle une bonne période dans ma vie ?

– Suis-je capable de me souvenir de ce qui s'est passé juste avant et juste après la prise de vue ? Quelle était l'ambiance durant l'avant et l'après photo ? Quelles étaient mes émotions à ce moment-là ?
– La lumière est-elle belle sur cette photo ?
– Le modèle est-il à son avantage ?
– Peut-on dire que cette photo est ratée (cadrage, zone de flou, yeux rouges, etc.) ?
– Cette photo raconte-elle quelque chose au-delà de la simple image ?
Toutes ces questions devraient vous amener à faire une sélection implacable de toutes vos photos numériques. Vous devrez vous poser cette question finale : est-ce que je veux vraiment garder cette photo ? Dans une optique de vie numérique minimaliste, il faudrait atteindre un maximum de 10 clichés par sous-dossier.

② Mettez donc ensuite à la corbeille le maximum de photos pour garder l'essentiel (moins d'une dizaine de photos par sous-dossier donc), l'émotion que fait naître une photo ne vient-elle pas de la rareté des clichés ? Pensez bien à vider la corbeille ensuite !

③ Comme pour les photos tirées sur papier, réunissez toutes vos photos numériques au même endroit sur votre ordinateur. Une première piste intéressante pour classer toutes ces photos serait de créer un dossier par année puis des sous-dossiers par thème.

Exemple :
Un dossier « **2017** » et dans ce dossier des sous-dossiers : « **2017-Vacances** » ; « **2017-Noël** » ; « **2017-Emma** », etc.

④ Allez plus loin, nommez ensuite chaque photo de ce sous-dossier selon la nomenclature choisie : **2017-Vacances-001**, puis **2017-Vacances-002**, etc.

QUELQUES MOTS POUR CONCLURE

Quelle incroyable propension ont parfois les êtres humains à se piéger eux-mêmes ! Les dressings, par exemple, ressemblent à des pièges. Ce sont d'énormes bouches affamées qui nous menacent en permanence et dans lesquelles on fourre des monceaux de vêtements qu'on ne mettra probablement pas plus d'une fois... Et les placards à chaussures, connaissez-vous endroit plus pathétique ? On se croirait dans un cimetière (et encore, dans un vrai cimetière, l'air circule !).

La liste de tous ces pièges est longue, et je vous l'épargne. Le but de ce livre est de vous éviter de tomber encore dedans, de retrouver simplicité et sagesse dans votre approche minimaliste des objets. **N'ayez pas peur du vide ! Ne le sculptez pas avec des objets, laissez-le s'ébattre et s'épanouir, vous vous épanouirez et grandirez avec lui.**

Une tradition italienne perdure à Palerme, où dans chaque quartier a lieu annuellement un feu de joie alimenté par les meubles et ustensiles de rebut dont se débarrassent les habitants. Ces gens, qui ne sont pas plus bêtes que nous, ni plus intelligents d'ailleurs, ont simplement compris que la possession, quand elle n'est plus maîtrisée, provoque une situation de crise à laquelle on ne peut répondre que par des saignées de ce genre qui, comparées aux véritables saignées, ont le double avantage d'être indolores et d'êtres vraiment utiles !

La liberté s'oppose-t-elle forcément au confort ? On pourrait le croire et pourtant non. Le confort est l'approximation la plus juste de ce qui nous fait du bien ; la liberté, elle, n'a pas pour dessein le bien-être, mais elle peut nous permettre de choisir le chemin qui nous y mènera. L'usage de la liberté, dans notre rapport aux objets, naîtra de notre détachement. **Il faut s'attacher à ce qui est important, puis à ce qui est utile.** Nos attachements sont prisons, mais librement choisies – et sans gardien. Tout le reste, nous devons apprendre à nous en défaire...

Le déménagement trouve peut-être là son sens profond. On le pense fortuit, hasardeux. On croit déménager parce qu'on a trouvé « plus grand », « plus beau », « plus près de la crèche et du centre-ville », alors qu'en réalité le déménagement est un rite. Comme c'est le cas de tous les rites, il pallie l'absence de volonté chez l'homme et l'oblige, quand il l'accomplit, à se débarrasser de son superflu, qui alors lui apparaît en pleine lumière, lui saute à la gorge et l'effraie ! Cette couche de superflu, cette peau grasse, les déménagements nous en lavent quelque peu. Mais déménager demande du temps et de l'argent. **Gardez tout ça, et pratiquez au quotidien le minimalisme. Votre habitation vous semblera chaque jour nouvelle, fraîche et pleine de promesses.** Faire le choix d'une vie plus simple, c'est faire le choix de la plénitude, d'une vie en pleine conscience et de l'harmonie face au chaos.

Pensez enfin à ce que vous laisserez. Ce n'est pas être mortifère que d'y tôt songer. Au contraire, nourrissez-vous de cette certitude : vos héritiers n'auront pas les mains salies par votre superflu. Tout se fera dans une clarté parfaite. L'essentiel n'a pas besoin de camion de déménagement pour être transporté. *Ce qui est suffit.*

Je vous laisse avec quelques petites questions, des questions minimalistes, bien sûr !

- Vous partez pour 2 semaines au Canada en plein hiver, seul un bagage à main est autorisé dans l'avion : que mettez-vous dans ce bagage ?
- Si vous deviez déménager dans un studio de 20 m^2, que conserveriez-vous de votre maison actuelle ?
- Si vous ne deviez choisir qu'un produit de beauté dans votre salle de bains, lequel serait-ce ?
- Vous partez pour 2 semaines au soleil, seul un bagage à main est autorisé dans l'avion : que mettez-vous dans ce bagage ?
- Quels sont vos 3 livres préférés dans votre bibliothèque ? Pourquoi ?
- Si vous ne deviez choisir qu'un seul produit de maquillage, lequel serait-ce ?
- Quelle est votre robe préférée dans votre placard ? Pourquoi ?
- Vous partez pour un petit week-end à Paris au printemps, partir avec juste votre plus grand sac à main en guise de bagage vous semble-t-il possible ? Si oui, que trouverait-on dedans ?
- Quelle est votre paire de chaussures préférée ? Pourquoi ?

TABLE DES MATIÈRES

Chapitre 3

SOYEZ MALIN !

La collection Malin,
c'est déjà plus de 100 titres au catalogue !

À vous les bons conseils, pour un quotidien plus doux
Retrouvez-les vite sur notre blog :
www.quotidienmalin.com

Achevé d'imprimer en Espagne
par Novoprint
Dépôt légal : mai 2017